最新物流师职业资格认证培训考试指导书

物流企业运行管理

习题与解答

霍　红　陈化飞　主编

宋　杨　刘　莉　徐玲玲　副主编

中国财富出版社

图书在版编目（CIP）数据

物流企业运行管理习题与解答／霍红，陈化飞主编．—北京：中国财富出版社，2013.1
（最新物流师职业资格认证培训考试指导书）
ISBN 978－7－5047－4527－9

Ⅰ.①物…　Ⅱ.①霍…　②陈…　Ⅲ.①物资企业—企业管理—资格考试—习题集
Ⅳ.①F253－44

中国版本图书馆 CIP 数据核字（2012）第 257129 号

策划编辑 张　茜　　**责任印制** 何崇杭　王　洁
责任编辑 赵　静　　**责任校对** 孙会香　杨小静

出版发行 中国财富出版社（原中国物资出版社）
社　　址 北京市丰台区南四环西路 188 号 5 区 20 楼　　**邮政编码** 100070
电　　话 010－52227568（发行部）　　010－52227588 转 307（总编室）
010－68589540（读者服务部）　　010－52227588 转 305（质检部）
网　　址 http：//www.clph.cn
经　　销 新华书店
印　　刷 北京京都六环印刷厂
书　　号 ISBN 978－7－5047－4527－9/F·1879
开　　本 880mm×1230mm　1/16　　**版　　次** 2013 年 1 月第 1 版
印　　张 10.5　　**印　　次** 2013 年 1 月第 1 次印刷
字　　数 208 千字　　**定　　价** 28.00 元

前　言

随着经济全球化进程的加速，物流企业的数量与规模均发生了巨大的变化，国内物流企业日趋壮大，品牌逐步形成；国外物流企业纷纷进入，抢占市场先机；各类物流企业之间的竞争不断加剧，相互间的联合、兼并、拓展和重组使物流领域的分化态势日趋明显。为了在激烈竞争的市场环境中更好地生存和发展，物流企业必须根据自身实际情况，从加强管理入手，努力提高效率、降低成本，建立符合物流企业的核心竞争力。高级物流管理人才是物流企业运营运作管理的必备条件。中国物流与采购联合会同全国物流标准化技术委员会一起，根据加入 WTO 后应与国际惯例接轨，职业资格认证将由行业主管协会负责的趋势，在全国统一推行物流师职业资格认证工作。其中《物流企业运行管理》是物流师考试中的必考科目之一。《物流企业运行管理》主要介绍物流企业概念、物流企业经营模式、第三方物流概念、物流服务类型、物流项目开发、物流网络选址、车辆管理、物流服务管理、物流企业财务管理、物流信息化、物流标准与法律法规等，本书根据教材的章节顺序、考试大纲和考试题型要求，编写了判断题、单选题、多选题、情景问答题、论述题、案例题，帮助考生巩固所学知识点，熟悉各级考试的各种题型，迅速把握该门课程的学习要点和复习重点，为应试做好充分准备。

本书由霍红担任主编，宋杨、刘莉、徐玲玲担任副主编，其中单元 1、2、3 由徐玲玲编写，单元 4、5、6 由宋杨编写，单元 7、8、9 由刘莉编写，研究生黄志鹏、马莹、徐辉、徐娜参加了前期的资料收集工作，全书由霍红统稿。

由于时间仓促、水平有限，书中难免有不当之处，恳请广大读者批评指正。

编　者

2012 年 10 月

目　录

试题篇

答案篇

目 录

试题篇

答案篇

试 题 篇

单元1
物流企业
管理概述

单元2
物流服务
类型

单元3
物流项目
开发

单元4
物流网络
选址

单元5
车辆管理

单元6
物流服务
管理

单元7
物流企业
财务管理

单元8
物流信息化

单元9
物流标准与
法律法规

单元1　物流企业管理概述

本单元学习目标

1. 掌握物流企业的定义、类型；
2. 掌握各类型物流企业的作业类型；
3. 掌握物流企业的经营模式；
4. 掌握物流业务管理的内容；
5. 掌握物流人力资源规划的内容；
6. 掌握物流信息化工具；
7. 掌握第三方物流的定义及特点；
8. 掌握第三方物流的优势及发展局限。

一、判断题（本类题型所包含的每道小题都只有正确或错误的一种答案，你认为正确的请在答题卡对应的题号上涂 A，错误的涂 B。）

1. 物流企业是指具有运输、存储、装卸、搬运、包装、流通加工、配送、信息处理等两种以上功能，能按照客户需求进行多功能及一体化运作的组织，并具有与自身业务相适应的信息管理系统，实行独立核算、独立承担民事责任的经济组织。(　　)

2. 物流企业的经营模式与企业本身的资源类型、服务范围和服务内容无关。(　　)

3. 物流企业在货品流通的过程中涉及的人、设备、货品等都会遇到一定的风险，但是这些风险是可以控制并消除的。(　　)

4. 防护栏损坏、上下甲板掉落属于交通事故。(　　)

5. 非资产型物流企业虽然在成本控制以及资源整合能力上比资产型物流企业具有较大的优势，但并非非资产型物流企业就没有风险。(　　)

6. 合同责任风险是指物流企业同客户、分包商及信息服务提供商签订合同所带来的相关风险。(　　)

7. 由于信息系统故障导致物流企业无法正常运转造成客户抱怨甚至丢失的风险，也会因为信息系统故障导致出入库记录出错，出现与上游供应商或者下游客户纠纷的现象属于商业机密风险。(　　)

8. 物流管理信息化是物流企业进行信息化管理可以将物流企业同上下游的客户连接起来，共享彼此的物流信息，提高协同作业效率。(　　)

9. 地理信息系统是利用导航卫星进行测时和测距，使在地球上任何地方的用户都能计算出自己所处的方位。(　　)

10. CAPS 是运输管理系统的简称。(　　)

11. 第三方物流简称 TPL。(　　)

12. 条码技术是一项利用射频信号通过空间耦合（交变磁场或电磁场）实现无接触信息传递并通过所传递的信息达到识别目的的技术。(　　)

13. 全球定位系统在物流中的应用是指货主、承运业主以及其他相关单位之间，通过系统进行物流数据交换，并以此为基础实施物流作业活动的方法。(　　)

14. 电子辅助标签拣货系统只有摘取式拣货系统一种。(　　)

15. 底薪制度的薪酬组成是薪酬 = 完成的业务量/价值 × 提成率。(　　)

16. 条码是由一组规则排列的条、空以及对应字符组成的标记。(　　)

17. 第三方物流内部的构成只有资产基础供应商。(　　)

18. 物流企业做完人力资源规划之后，要对相关岗位进行员工招聘和新员工的培训工作。员工招聘的途径只包括人力资源中心招聘和院校招聘。(　　)

19. 配送中心常见的员工晋升途径有两条：管理路径和技术路径。(　　)

20. RFID 技术是类似于条码的一种信息存储设备，但比条码更加强大。(　　)

二、单选题（本类题型所包括的每道小题只有一个正确答案，请在给出的选项中选出正确答案。）

1. 下列为装卸车事故的是（　　）。

A. 撞车　B. 坠河　C. 防护栏损坏　D. 车辆失火

2. 属于非资产型物流企业存在的风险的是（　　）。

A. 投资能力风险　B. 管理能力风险　C. 合同责任风险　D. 商业机密风险

3. 人力资源规划主要步骤是（　　）。

A. 人力资源管理制度　B. 人力资源中心招聘　C. 专业知识培训　D. 工作设计

4. RFID 简称是（　　）。

A. 条码　B. 射频识别　C. 电子数据交换技术　D. 地理信息系统

5. 运输管理系统网络化，具有功能强大的跟踪服务平台，集成 GPS/GIS 系统等属于（　　）。

A. 电子辅助标签拣货系统　B. 仓储管理系统

C. 地理信息系统　D. 运输管理系统

三、多选题（本题型所包含的每道小题都有不止一个正确答案，请选出你认为正确的答案，错选和多选者本小题不得分，少选但选项正确的可得到相应的分数。）

1. 按照 2005 年 3 月 24 日由国家质量监督检验检疫总局和国家标准化管理委员会批准发

布，5 月 1 日起实施的《物流企业分类与评估指标》国家标准（GB/T 19680—2005），物流企业有（　　）。

A. 运输型物流企业　　B. 仓储型物流企业　　C. 综合服务型物流企业

D. 流通加工型物流企业　　E. 第三方物流企业

2. 与物流企业的经营模式相关的因素有（　　）。

A. 企业本身的资源类型　　B. 服务范围　　C. 服务内容

D. 成本　　E. 产品类型

3. 人员风险分为（　　）。

A. 货品对人身的危害　　B. 服务对人身的危害　　C. 操作对人身的危害

D. 环境对人身的危害　　E. 设备对人身的危害

4. 属于资产型物流企业风险的有（　　）。

A. 管理能力风险　　B. 投资能力风险　　C. 与分包商合同责任风险

D. 与客户合同责任风险　　E. 与信息服务提供商的合同风险

5. 人力资源管理包括以下几个方面：（　　）。

A. 人力资源规划　　B. 岗位设置与岗位职责规划　　C. 员工招聘和培训

D. 员工福利薪酬和晋升制度　　E. 员工发展规划

6. 下列关于物流企业的信息化管理特征，表述正确的是（　　）。

A. 物流操作信息化　　B. 物流管理信息化　　C. 物流决策信息化

D. 物流人才管理信息化　　E. 物流协同作业信息化

7. 下列关于物流企业信息化原则，表述正确的是（　　）。

A. 围绕信息化的目标进行　　B. 注重人才原则　　C. 注重效益原则

D. 注重成本原则　　E. 整体与局部原则

8. 物流企业信息化的工具包括（　　）。

A. 条码　　B. 射频识别　　C. 电子数据交换技术

D. 地理信息系统　　E. 仓储管理系统

9. 常见的 3PL 服务包括（　　）。

A. 报表管理　　B. 运费谈判　　C. 海关代理

D. 信息管理　　E. 货物集运

10. 下列关于第三方物流的特点，表述正确的是（ ）。

A. 关系契约化　　B. 服务个性化　　C. 功能专业化

D. 管理系统化　　E. 信息网络化

11. 制约第三方物流发展的因素包括（ ）。

A. 观念的影响　　B. 结构的影响　　C. 技术的因素

D. 管理的因素　　E. 人才的因素

12. 物流企业提供的综合服务包括（ ）。

A. 包装服务　　B. 流通加工服务　　C. 信息服务

D. 金融服务　　E. 人才培养服务

13. 运输管理系统的模块包括（ ）。

A. 费用管理模块　　B. 人力资源管理模块　　C. 业务作业及管理模块

D. 基本信息模块　　E. 系统管理模块

四、情景问答题

1. 某运输公司货运车满载货物由福州开往上海，途经福建某段高速公路公路桥时，车辆突然失控，撞断桥边护栏后坠入河中（桥高 12 米），2 名司机重伤，货运车及车上价值 300 万元的货品全部报废。经调查，事故原因为司机长时间驾驶未休息，疲劳驾驶，以至于开车时打盹，失去对车辆的控制。简述应对运输事故的措施。

2. （1）2004 年大年初一凌晨 2 时左右，一辆半挂货运车行驶在上海外环高架桥上，此时，车上一块挡板掉落，司机发现后，掉头寻找，其后一辆高速行驶的轿车刹车不及，撞在了货车车厢上。该违反交通法规的行为造成轿车上 2 名乘员当场死亡，货运车司机也因交通肇事罪被判处有期徒刑。

（2）某运输公司装载场地，一辆双层货运车上层货品装满后，甲板升高过程中，装运人员违反规定，进入货箱内部，此时甲板液压泵突然爆裂，甲板急剧下降，砸中该装运人员头部，导致其当场死亡。

简述两个案例的应对措施。

3. 小王想要建立一个运输型物流企业，但是不了解运输型物流企业有什么样的要求。请你给他介绍一下运输型物流企业应符合的要求。

4. 四川某石油设备公司是一家专业从事石油钻采设备研究、设计、制造、成套和服务的大型民营企业。公司总部占地面积400余亩，员工2000多人，已经具备年产100台套石油钻机和500台钻井泵的生产能力。采用精诚EAS WMS条码仓储物资系统来实现智能货位管理。请简述仓储管理系统的作用。

五、案例题

上海某物流公司成立于1994年。成立之初，公司只有4辆卡车，业务主要是某厂的配套运输。但此时，该工厂的效益日渐滑坡，1996年8月该厂停产了。此物流公司的员工为了生计，不得不向外揽活。就这样，开始了它在第三方物流领域的探索。

1992年，邓小平南巡讲话之后，上海加大了对浦东开发开放的力度，一大批国际知名企业纷纷到浦东落户。外资企业的到来打破了国有企业条块分割、自给自足的局面，运输市场需求旺盛，为许多中小企业提供了发展良机。该公司抓住了这一机会，历经磨难，稳步发展。

该物流公司于1999年7月更改为股份有限责任制。此时，公司已拥有各类营运车辆110辆，注册资本达160万元，实际资本为500余万元。

1. 服务项目

该物流公司拥有停车场地2.6万平方米，办公及商务用房1500平方米，可供仓储面积12000平方米。公司的主要服务项目为：

（1）物流咨询。用最科学、最经济的方式，为客户提供物流方案的策划、组织和实施。

（2）跨省市快运。构建全国快运网络，承接各类物资的整车、零担快运业务，确保将货物快速、准时、安全地运到目的地。

（3）仓储服务。大型仓库和堆场，可提供各类物资的保管、存储和中转配送服务。同时，还可提供货品整理、包装等配套服务。

（4）多式联运。对大批量、长距离的货物，可组织公路、铁路、水路和航空等多种方式的联合运输，一票到底，全程负责。

2. 运输业务

在运输方面，公司的业务主要分为两大部分：自运和配载。苏浙皖三省由公司自有车辆运输，其他省市由协作单位车辆运输。为保证服务质量，公司对协作单位的资质有较严格的要求。协作单位经评估合格后，与公司签订合作合同，并被列为公司的合格分供方。对于大批量的货物，公司还可以组织铁路、水路、航空等多种方式的联合运输。在确保安全、及时的条件下，尽可能为客户降低物流成本。

3. 现代管理

为保证服务质量，公司按照 ISO 9002 国际认证的要求，规范内部管理，并与 1997 年通过审核，取得国际品保认证。现代物流的发展离不开现代通信和信息技术的支持。该公司为进一步巩固自己在市场上的竞争优势，在同行中率先装备了车辆调度和信息管理系统。该系统具有全球卫星定位功能，调度中心通过电子地图能随时定位车辆的准确位置。通过车载电话，驾驶员与调度中心能随时保持双向信息沟通。这样，货物在运输途中的及时性和安全性就有了进一步的保障。

请回答：

1. 除了仓储和运输服务以外，综合服务型物流企业还可以为客户提供哪些服务？并请详细解释。

2. 一个物流企业要想成为综合服务型物流企业，需要满足哪些要求？

单元1
物流企业
管理概述

单元2
物流服务
类型

单元3
物流项目
开发

单元4
物流网络
选址

单元5
车辆管理

单元6
物流服务
管理

单元7
物流企业
财务管理

单元8
物流信息化

单元9
物流标准与
法律法规

单元2　物流服务类型

本单元学习目标

1. 掌握仓储的功能及分类；
2. 掌握运输的功能及分类；
3. 掌握综合物流服务的概念、服务功能类型以及成为综合物流服务企业的条件；
4. 掌握国际货代的定义、业务范围；
5. 掌握仓单质押融资的概念、操作流程；
6. 掌握项目物流的概念、特征；
7. 掌握项目物流的概念、特点及动作模式。

一、判断题（本类题型所包含的每道小题都只有正确或错误的一种答案，你认为正确的请在答题卡对应的题号上涂 A，错误的涂 B。）

1. 装卸搬运活动发生的次数很频繁，是产品损坏的重要原因之一。（　　）

2. 仓储是指利用仓库对商品与物品进行储存和保管的行为。（　　）

3. 仓储是连接生产、供应、销售的中转站，是物流活动的重要环节之一。（　　）

4. 仓储是靠改变货物的空间属性来实现增值的需要；运输是通过改变货物的时间属性来实现增值的需求。（　　）

5. 由于仓储可以使商品流通顺畅，周转加快，从而提高了物流成本。（　　）

6. 保管型仓储是传统意义上的仓储形式，主要是对待加工、待销售或待运输的物品的仓储。（　　）

7. 普通物品仓储是指常温保管、自然通风、有特殊功能的仓储。（　　）

8. 普通物品仓储形式一般只存放普通货品，而且一般不提供流通加工服务。（　　）

9. 现在大部分仓储都为普通物品仓储。（　　）

10. 特殊物品仓储在库房结构和库内布局等方面都有一定要求的仓储。（　　）

11. 流通加工型仓储主要是对货品提供保管作用。（　　）

12. 采用流通加工型仓储形式的货品存储时间较长。（　　）

13. 运输是指“物”的载运及输送，它是在不同地域范围之间，以改变“物”的空间位置为目的的活动。（　　）

14. 运输服务的主要功能是实现产品空间和时间上的转移，使产品在转移的过程中实现增值。（　　）

15. 运输的另一个功能就是对产品进行永久的储存。（　　）

16. 运输的产品储存功能是将运输车辆永久作为比较廉价的储存设施。（　　）

17. 本质上，运输车辆被用作一种储存设施，是移动的，而不是静止的。（　　）

18. 规模经济原理是指随着装运规模的增长，单位重量的运输成本增加。（　　）

19. 距离经济原理是指单位距离的运输成本随距离的增加而减少。( )

20. 距离经济原理中，距离越长平均每单位支付的费用就越高。( )

21. 工业包装的作用是便于最后的销售。( )

22. 商业包装的目的是按单位分开产品，便于运输，并保护在途货物。( )

23. 合理的配送，可以减少物流成本的投入。( )

24. 一个物流企业要想转型为综合服务型物流企业是要有一定基础的，不需要满足一定的条件。( )

25. 企业内横向一体化是指要求企业内各个部门之间相互合作，资源共享，达到综合服务的目的。( )

26. 企业间纵向一体化是指具有投入、产出关系的不同的企业之合为一体。( )

27. 企业内部的横向一体化的目的就是要达到物流资源共享。( )

28. 国际货运代理是根据客户的指示，为客户的利益而揽取货物运输的人，其本人是承运人。( )

29. 国际货运代理不可以依这些条件，从事与运输合同有关的活动，如储存货物、报关、验货、收款。( )

30. 国际货运代理代替发货人完成货物运输过程中的每一项业务。( )

31. 当国际货运代理作为海关代理为客户办理相关进出口商品的海关手续时，它不仅代表他的客户，而且代表海关当局，要对海关负责。( )

32. 货运代理不可以通过差价服务获取利润。( )

33. 货运代理与班轮公司的关系因业务的不同而不同。( )

34. 在提供拼箱服务的过程中，货代不需要为委托人的利益负责。( )

35. 如果发货人或收货人有特殊要求的话，货代也可以在发货地和目的地为客户提供提货和交付服务，甚至提供门到门的服务。( )

36. 货代公司不可以以当事人的身份与其他承运人或其他服务提供者进行谈判并签约。( )

37. 货代作为多式联运经营人时，通常需要提供包括所有运输和分拨过程的“一揽子”服务，并对它的客户承担全部责任。( )

38. 仓单融资是指申请人将其拥有完全所有权的货物存放在商业银行指定的仓储公司，并将仓储方出具的仓单放在银行进行质押，作为融资担保，银行依据质押仓单为申请人提供

用于经营与仓单货物同类商品的专项贸易的短期融资业务。(　　)

39. 仓单融资企业将可用于质押的货物（现货）存储于中国银行认可的仓储方，并持有仓储方出具的仓单。(　　)

40. 除经济实力外，良好的信用是企业履约的必备条件，主要包括企业偿还债务的历史情况，在以往的履约中所表现的履约能力，自愿履约等。(　　)

41. 仓单融资企业须以经销仓单质押下货物为主要经营活动，从事该货品经销年限大于等于两年，熟知市场行情，拥有稳定的购销渠道。(　　)

42. 仓单是保管人收到仓储物后给存货人开付的提取仓储物的凭证，仓单除了作为已收取仓储物和提取仓储物的凭证外，还是一种有价证券，可以通过背书转让仓单项下货物的所有权，或者用于出质。(　　)

43. 仓单上必须有保管人的签字以及必要条款，以此来确定保管人和存货人各自的权利和义务。(　　)

44. 仓单上的权利义务的范围，以仓单的文字记载为准，即使仓单上记载的内容与实际不符，保管人仍应按仓单上所载文义履行责任。(　　)

45. 仓单效力包括存货人凭仓单领取仓储物的效力和移转保管物的效力。(　　)

46. 异地仓库仓单质押贷款是在仓单质押贷款融资基本模式的基础上，对时间顺序的一种拓展。(　　)

47. 异地仓库仓单质押贷款需将货物转移到银行指定的物流公司仓库中。(　　)

48. 相对于仓单质押基本模式，保兑仓融资模式的特点是银行在货物质押之后开出承兑汇票。(　　)

49. 保兑仓融资模式首先要形成一个以三方为主体的两套三方协议。(　　)

50. 统一授信的担保模式下银行则基本上不参与质押贷款项目的具体运作。(　　)

51. 项目物流是指以某项特定项目为服务对象而产生的的一系列物流活动。(　　)

52. 项目物流以物流项目为目的，项目结束，项目物流也随之结束。(　　)

53. 项目物流活动多为一次性活动、重复性较少。(　　)

54. 项目物流具有特殊性，经常需要特种车辆及工具方能完成物流活动。(　　)

55. 项目物流是物流的一种项目，并不是一种模式。(　　)

56. 由于项目物流的特殊性，对于第三方物流企业来说，依靠自身的资源是很容易按照客户要求完成项目物流活动的。(　　)

57. 一般情况下，物流企业在承接项目物流后，通过依靠自身购买的方式来完成项目物流。(　)

58. 一般在签订项目物流合同中都会注明项目物流进度控制。(　)

59. 由于项目本身具有连续性，下一阶段的任务都是在本阶段任务完成的基础上进行的，本阶段的项目质量将严重影响下一阶段项目进行。(　)

60. 在实施项目物流时，要保证物流的标的物准时、准确、完好地送到客户手中。(　)

61. 综合服务是指物流企业在提供物流服务时，不是单一地提供某一种服务，而是将物流所有环节等服务有效地组合、联结在一起，以便合理、有效地实现物流服务。(　)

二、单选题（本类题型所包括的每道小题只有一个正确答案，请在给出的选项中选出正确答案。）

1. 商品在生产出来之后，一般都要经过包装、分拣、质检、再加工等环节，然后才能进入市场，而这些作业的完成需要经历的过程是（　　）。

A. 运输　　B. 仓储　　C. 配送　　D. 装卸

2. 实现逆向物流必不可少的场所与环节是（　　）。

A. 运输　　B. 仓储　　C. 配送　　D. 装卸

3. 规模经济原理和距离经济原理主要是基于（　　）。

A. 单位运输成本　　B. 单位仓储成本　　C. 单位配送成本　　D. 运输成本

4. 运输规模经济的存在是因为与转移一批货物有关的固定成本费用可以由（　　）。

A. 总距离的变动费用来分摊　　B. 单位距离的变动费用来分摊

C. 单位货物的重量来分摊　　D. 整批货物的重量来分摊

5. 运输工具装卸所发生的固定费用必须分摊到（　　）。

A. 总距离的变动费用　　B. 单位距离的变动费用

C. 单位货物的重量　　D. 整批货物的重量

6. 物流金融服务是现代物流企业新兴的物流服务类型，其中最具有代表性的服务是（　　）。

A. 仓单质押融资服务　　B. 仓单流通融资服务

C. 仓单回购融资服务　　D. 仓单买卖融资服务

7. 在我国，国际货代是指接受进出口货物收货人、发货人的委托，为委托人办理国际货物运输及相关业务并收取报酬，它代表的是（　　）。

A. 收货人　　B. 发货人　　C. 委托人　　D. 代理人

8. 国际货代的业务范围非常广泛，能够从事提供货物运输、转运、仓储、保险，以及对货物零星加工等服务，并管理国际货物的运输、中转、装卸、仓储等事宜，主要是接受（　）。

A. 收货人的委托　　B. 客户的委托　　C. 委托人的委托　　D. 代理人的委托

9. 货运代理向承运人及时定舱，议定对发货人、承运人都公平合理的费用，安排适当时间交货，并解决与承运人的运费账目等问题，代表的是（　）。

A. 收货人　　B. 客户　　C. 委托人　　D. 发货人

10. 在空运业上，货运代理充当航空公司的代理，它利用航空公司的货运手段提供服务，以此获得航空公司支付的佣金，主要服务的对象是（　）。

A. 货主　　B. 客户　　C. 委托人　　D. 发货人

11. 能够使得货代公司与班轮公司及其他承运人（如铁路/公路）之间的关系更为密切的服务是（　）。

A. 拼箱服务　　B. 信息服务　　C. 包装服务　　D. 加工服务

12. 货代在多式联运中的职能是充当主要承运人并承担组织通过多种运输方式的门到门的货物运输，一般需要签署（　）。

A. 多重合同　　B. 分拨合同　　C. 多联合同　　D. 单一合同

13. 仓单融资又称为（　）。

A. 仓单流通融资　　B. 仓单质押融资　　C. 仓单回购融资　　D. 仓单买卖融资

14. 仓单融资实质上是一种（　）。

A. 存货流通融资　　B. 存货回购融资　　C. 存货抵押融资　　D. 存货买卖融资

15. 能够依仓单享有对有关仓储物品的所有权，行使仓单上载明的权利或对权利进行处分的是（　）。

A. 持有人　　B. 签订人　　C. 保管人　　D. 代理人

16. 实际占有仓单者可依仓单所有权要求相关人交付仓单上所载的储存物品，此人是(　)。

A. 持有人　　B. 签订人　　C. 保管人　　D. 代理人

17. 异地仓库仓单质押贷款是充分考虑客户的需求，把需要质押的存货等保管在（　）。

A. 方便企业生产或销售的仓库　　B. 距离企业最近的仓库

C. 方便企业运输的仓库　　D. 方便企业仓储的仓库

18. 保兑仓又称（　　）。

A. 卖方信贷　　B. 银行信贷　　C. 买方信贷　　D. 第三方信贷

19. 相对于仓单质押基本模式，保兑仓融资模式的特点是（　　）。

A. 先货后票　　B. 先质押后汇票　　C. 先票后货　　D. 先汇票后质押

20. 保兑仓融资模式中银行在经销商交纳了一定的保证金后开出承兑汇票，收票人为(　　)。

A. 丙方银行　　B. 生产企业　　C. 乙方经销商　　D. 乙方物流企业

21. 保兑仓融资模式中生产企业在收到银行承兑汇票后进行发货，指定发货的仓库一般是（　）。

A. 物流企业　　B. 生产企业　　C. 经销商　　D. 银行

22. 统一授信的担保模式下仓储公司向银行提供信用担保，并直接利用信贷额度向相关企业提供（　　）。

A. 贷款申请业务　　B. 贷款监管业务　　C. 信用担保业务　　D. 质押贷款业务

23. 由于项目物流是以服务项目为目的，在进度上于此保持同步进行的是（　　）。

A. 项目进度　　B. 项目效率　　C. 项目质量　　D. 项目成本

24. 在实施项目物流时，质量控制所说的质量不仅仅是物流服务的质量，还包括（　　）。

A. 物品的完好无损

B. 项目本身的连续性

C. 每一阶段的项目质量将严重影响下一阶段项目进行

D. 在实施项目物流时，要注意控制物流的质量

三、多选题（本题型所包含的每道小题都有不止一个正确答案，请选出你认为正确的答案，错选和多选者本小题不得分，少选但选项正确的可得到相应的分数。）

1. 仓储的主要作用包括（　　）。

A. 仓储是使社会生产顺利进行的基本条件

B. 仓储是物流活动的重要环节之一

C. 合理的仓储可以帮助企业节约成本、提高企业经济效益

D. 仓储可以根据市场需要对商品进行流通加工处理

E. 仓储为逆向物流提供场所

2. 仓储按其功能通常可以分为（　　）。

A. 普通物品仓储　　B. 特殊物品仓储　　C. 保管型仓储

D. 流通加工型　　E. 危险品仓储

3. 保管型仓储可以分为（　　）。

A. 普通物品仓储　　B. 特殊物品仓储　　C. 托管型仓储

D. 流通加工型　　E. 危险品仓储

4. 特殊物品仓储是指具有一定温度和湿度要求，专门用来存放具有（　　）的物品。

A. 易燃性　　B. 易爆性　　C. 腐蚀性　　D. 有毒性　　E. 放射性

5. 流通加工型仓储主要追求周转效益，提供增值服务，将业务进行结合，业务包括（　　）。

A. 运输业务　　B. 包装业务　　C. 流通业务

D. 装卸业务　　E. 仓储业务

6. 运输是社会经济活动的基础，是连接商品活动的纽带，这些活动包括（　　）。

A. 流通　　B. 生产　　C. 分配　　D. 交换　　E. 消费

7. 在整个物流过程中，运输主要提供功能是（　　）。

A. 产品流通　　B. 产品转移　　C. 产品分配

D. 产品装卸　　E. 产品储存

8. 运输的产品储存也可以看做是（　　）。

A. 免费储存　　B. 收费存储　　C. 自然储存

D. 廉价存储　　E. 临时存储

9. 运输的基本原理包括（　　）。

A. 数量经济原理　　B. 规模经济原理　　C. 生产经济原理

D. 距离经济原理　　E. 产业经济原理

10. 综合服务包含的要素除仓储服务和运输服务之外，还包含装卸搬运服务、配送服务、（　　）。

A. 包装服务　　B. 信息服务　　C. 流通加工服务

D. 装卸搬运服务　　E. 金融服务

11. 包装包括（　　）。

A. 服务包装　　B. 工业包装　　C. 运输包装

D. 商业包装　　　　　　　　E. 仓储包装

12. 包装的功能体现在（　　）。

A. 商品化　　B. 保护商品　　C. 单位化　　D. 商业化　　E. 便利化

13. 装卸搬运的产生的决定因素是（　　）。

A. 运输　　B. 包装　　C. 信息　　D. 保管　　E. 生产

14. 配送服务的功能包括（　　）。

A. 装卸　　B. 包装　　C. 保管　　D. 运输　　E. 服务

15. 信息服务包括（　　）。

A. 包装信息服务　　　　B. 商品信息服务　　　　C. 物流信息服务

D. 商流信息服务　　　　E. 生产信息服务

16. 仓单质押融资服务协议涉及的主体包括（　　）。

A. 物流服务方　　　　B. 银行　　　　C. 收货人

D. 货主　　　　E. 发货人

17. 企业间纵向一体化实现战略联盟的方式有（　　）。

A. 互相协商　　　　B. 互相投资　　　　C. 互相参股

D. 提供支持　　　　E. 签订合同

18. 国际货代从提供服务的对象来看，可以分为（　　）。

A. 为发货人服务　　　　B. 为海关服务　　　　C. 为承运人服务

D. 为航空公司服务　　　　E. 为班轮公司服务

19. 仓单融资引入专业仓储公司并在融资过程中发挥监督保管抵押物、对抵押物进行价值评估、担保等作用，涉及的主体包括（　　）。

A. 物流服务方　　　　B. 银行　　　　C. 收货人

D. 仓储公司　　　　E. 企业

20. 仓单质押对抵押物的要求包括（　　）。

A. 所有权明确，不存在与他人在所有权上的纠纷

B. 市场价格稳定，波动小，不易过时，市场前景较好

C. 用途广泛，易变现

D. 规格明确，便于计量

E. 产品合格并符合国家相关标准，不存在质量问题

21. 仓单质押融资多适用于（　　）。

A. 钢材　　B. 有色金属　　C. 黑色金属

D. 建材　　E. 石油化工产品

22. 仓单质押融资对企业的要求包括（　　）。

A. 将可用于质押的货物（现货）存储于商业银行认可的仓储方，并持有仓储方出具的仓单

B. 对仓单上载明的货物拥有完全所有权，并且是仓单上载明的货主或提货人

C. 以经销仓单质押下货物为主要经营活动，从事该货品经销年限大于等于一年，熟知市场行情，拥有稳定的购销渠道

D. 资信可靠，经营管理良好，具有偿付债务的能力，在各大银行均无不良记录

E. 融资用途应为针对仓单货物的贸易业务

23. 仓单的法律性质包括（　　）。

A. 仓单是一种无价证券　　B. 仓单是一种要式证券　　C. 仓单是物权证券

D. 仓单是文义证券　　E. 仓单是一种资本证券

24. 仓单依《合同法》第三百八十六条的规定应载明的内容包括（　　）。

A. 存货人的名称或者姓名和住址　　B. 仓储物的损耗标准　　C. 储存场所

D. 仓储物已经办理保险的，其保险金额、期间以及保险人的名称

E. 存货人在仓单上背书并经保管人签字或者盖章

25. 仓单质押融资新模式包括（　　）。

A. 异地仓单质押贷款　　B. 第三方授信的担保模式　　C. 异地仓单质押融资

D. 保兑仓融资模式　　E. 统一授信的担保模式

26. 保兑仓融资模式中以四方为主体的第一套协议方分别为（　　）。

A. 甲方生产企业　　B. 甲方银行　　C. 乙方经销商

D. 乙方物流企业　　E. 丙方银行人

27. 保兑仓融资模式中以四方为主体的第二套协议方分别为（　　）。

A. 丙方经销商　　B. 甲方银行　　C. 乙方经销商

D. 乙方物流企业　　E. 丙方银行人

28. 统一授信的担保模式下银行把一定的贷款额度直接授权给仓储公司的判断依据包括（　　）。

A. 仓储公司的规模　　B. 经营业绩　　C. 运营现状

D. 资产负债比例　　E. 信用程度

29. 统一授信的担保模式下质押贷款和最终清算的依据是（　　）。

A. 客户的信用程度　　B. 客户的条件　　C. 客户的需求

D. 客户的经营业绩　　E. 客户的担保能力

30. 统一授信的担保模式的优点包括（　　）。

A. 有利于企业更加便捷地获得融资

B. 减少原来向银行申请质押贷款的多个申请环节

C. 有利于银行充分利用仓储公司监管货物的管理经验

D. 通过仓储公司的担保，强化银行对质押贷款全过程监控的能力

E. 更加灵活地开展质押贷款服务，降低贷款风险

31. 项目物流的特点包括（　　）。

A. 项目物流以服务项目为目的，项目结束，项目物流也随之结束

B. 项目物流以服务项目为目的，项目结束，项目物流并不随之结束

C. 项目物流具有特殊性，经常需要特种车辆及工具方能完成物流活动

D. 项目物流活动多为一次性活动、重复性较少

E. 项目物流活动多为多步骤活动、重复性较多

32. 下面关于项目物流说法正确的是（　　）。

A. 由于项目物流的特殊性，对于第三方物流企业来说，依靠自身的资源是很容易按照客户要求完成项目物流活动的

B. 一般情况下，物流企业在承接项目物流后，通过依靠自身的资源购买的方式来完成项目物流

C. 物流企业本身只需提供相关人员参与对整个项目物流的管控

D. 物流企业在承接项目物流后，要充分评估项目物流需要的物流设备有哪些，数量是多少

E. 对于第三方物流企业来说，由于项目的需要不同，设备设施也不同，如果靠自身购买来解决项目物流的设备问题，很容易提高造成设备的利用率

33. 在实施项目物流时，物流企业要做到（　　）。

A. 进度控制　　B. 效率控制　　C. 收益控制

D. 质量控制　　E. 成本控制

四、情景问答题

1. 中国加入 WTO 之后，根据加入世贸组织的相关政策规定中国航运市场必将更加开放，包括运输、物流服务等在内的服务贸易的大门也更加敞开。加入世贸组织之后，中国航运企业在获得更加广阔市场空间的同时也面临前所未有的竞争压力。如何在新一轮的激烈竞争中，及时调整我们的竞争策略，不断强化企业的竞争优势？

2. 从海洋运输走向综合物流，是国际航运企业发展的大方向，也是中国航运企业迎接现实挑战实现持续发展的必由之路。随着中国加入世贸组织之后，中国航运企业从单一海洋运输向现代综合物流服务的转变变得更加紧迫。如果我们不抓紧推进这一企业发展战略上的根本性转变，我们在新一轮的激烈竞争中将更加被动，将更加难以走出日前的经营困境。就我国航运企业迈向综合物流服务的发展战备问题，请谈一谈你的看法。

3. 2011 年第一季度，港中旅华贸国际物流股份有限公司工程物流部从中国主要港口出运了约合 710 个 20 尺集装箱，重 14372 吨的钢产品，诸如卷钢、钢板、钢管以及圆棒等。目的港包括曼谷、林查班、马尼拉、桑托斯、雅加达、巴生港、那瓦西瓦、金奈、科伦坡和安特卫普。请谈一谈物流企业在实施项目物流时，应如何进行控制？

4. 我国 80% 的中小企业存在融资难的问题，仓单融资能在一定程度上满足中小企业的融资需求。以国内最早开展仓单融资业务的“广东南储”为例，这家上海期货交易所指定交割仓库，从 2002 年开始，累计为 600 余家企业融资 200 多亿元。上海期货交易所总经理杨迈军表示，仓单融资打开了不同市场间的通道，拓展了融资业务的渠道，从而形成金融机构、物流企业、生产贸易企业和期货交易所共赢的局面。请谈一谈仓单质押融资业务的特点。

五、论述题

1. 综合服务是指物流企业在提供物流服务时，不是单一地提供某一种服务，而是将运输、仓储、包装、装卸搬运、流通加工、配送和物流信息等服务中的几种有效地组合、联结在一起，以便合理、有效地实现物流服务。请谈一谈作为一个物流企业要成为综合服务型物流企业应当具备的条件。

2. 随着社会经济的发展，作为物流企业，提供综合物流服务是物流企业发展的必然趋势。请谈一谈物流企业提供综合服务的方式以及这些综合服务方式之间的区别。

3. 仓单融资实质上是一种存货抵押融资的方式，通过银行、仓储公司和企业的三方协议，引入专业仓储公司并在融资过程中发挥监督保管抵押物、对抵押物进行价值评估、担保等作用。请你谈一谈在办理仓单质押融资过程中货主企业、仓储企业及银行的作业流程。

4. 请具体论述一下国际货代服务提供的业务范围。

六、案例题

美国通用汽车在美国的14个州中，大约有400个供应商负责把各自的产品送到30个装配工厂进行组装，由于卡车满载率很低，使得库存和配送成本急剧上升。为了降低成本，改进内部物流管理，提高信息处理能力，通用汽车委托Penske专业物流公司为它提供第三方物流服务。调查了解半成品的配送路线之后，Penske公司建议通用汽车公司在Cleveland使用一家有战略意义的配送中心，配送中心负责接受、处理、组配半成品，由Penske派员工管理，同时Penske也提供60辆卡车和72辆拖车，除此之外，还通过EOI系统帮助通用汽车公司调度供应商的运输车辆以便实现JIT送货，为此，Penske设计了一套最优送货路线，增加供应商的送货频率，减少库存水平，改进外部物流活动，运用全球卫星定位技术，使供应商随时了解行驶中的送货车辆的方位。与此同时，Penske通过在配送中心组配半成品后，对装配工厂实施共同配送的方式，既降低卡车空载率，也减少通用汽车公司的运输车辆，只保留了一些对Penske所提供的车队有必要补充作用的车辆，这样也减少了通用汽车公司的运输单据处理费用。另外，美国通用汽车公司选择目前国际上最大的第三方物流公司Ryder负责其土星和凯迪拉克两个事业部的全部物流业务，选择Allied Holdings负责北美陆上车辆运输任务，选择APL公司、WWL公司负责产品的洲际运输。

请回答：结合此案例谈一谈物流服务对于物流企业的重要意义。

单元1
物流企业
管理概述

单元2
物流服务
类型

单元3
物流项目
开发

单元4
物流网络
选址

单元5
车辆管理

单元6
物流服务
管理

单元7
物流企业
财务管理

单元8
物流信息化

单元9
物流标准与
法律法规

单元3　物流项目开发

本单元学习目标

1. 掌握现阶段我国物流的特征；
2. 掌握广告、电话、网络开发客户适用性及操作流程；
3. 掌握常见的客户开发途径以及它们之间的区别；
4. 掌握物流投标的制作；
5. 掌握客户需求表的内容；
6. 掌握运输、仓储、配送方案制作。

一、判断题（本类题型所包含的每道小题都只有正确或错误的一种答案，你认为正确的请在答题卡对应的题号上涂A，错误的涂B。）

1. 国家标准中将物流企业的评级标准分为：A、AA、AAA、AAAA 和 AAAAA 5 个级别。(　　)

2. 国家标准中将物流企业的评级标准分为：A、AA、AAA、AAAA 4 个级别。(　　)

3. 国家标准中将物流企业分为运输型物流企业、仓储型物流企业和综合型物流企业三种类型。(　　)

4. 国家标准中将物流企业分为运输型物流企业、仓储型物流企业两种类型。(　　)

5. 对于物流企业来说，核心竞争力可以从市场营销中获得，也可以从企业文化中获得。(　　)

6. 对于物流企业来说，核心竞争力可以从市场规划中获得，也可以从企业文化中获得。(　　)

7. 一般情况下每一个物流企业都有自己的主导区域，在主导区域容易获得竞争优势。(　　)

8. 大多数物流企业只服务于一个或几个行业，这主要是受到物流企业资本实力和核心竞争力能力的制约。(　　)

9. 大多数物流企业只服务于一个或几个行业，这主要是受到物流企业资本实力和服务水平的制约。(　　)

10. 资产水平的高低直接决定着物流企业是否有能力继续进行市场扩张，能否抵御外来风险。(　　)

11. 服务水平的高低直接决定着物流企业是否有能力继续进行市场扩张，能否抵御外来风险。(　　)

12. 服务水平的高低将决定物流企业是否容易获得客户的认可。(　　)

13. 资产水平的高低将决定物流企业是否容易获得客户的认可。(　　)

14. 通过电话/传真方式的客户开发通常与客户拜访同时使用。(　　)

15. 广告营销方式的客户开发通常与客户拜访同时使用。(　　)

16. 网络的客户开发可以通过诸如专业物流广告发布网、专业物流论坛等网络渠道进行客户开发。(　　)

17. 电话开发客户适合一些刚成立的物流企业或已有物流企业打开新市场的情况。(　　)

18. 广告开发客户适合一些刚成立的物流企业或已有物流企业打开新市场的情况。(　　)

19. 广告开发客户对那些规模较小、财力有限的物流公司也适合。(　　)

20. 电话开发客户适合为客户提供专业物流服务的功能型物流企业，如国际快递物流公司。(　　)

21. 目前在企业中实施电话销售的形式有两种：自建 Call Center，有自己的电话销售人员；有自己的电话销售人员，没有 Call Center。(　　)

22. 电话开发客户适合刚进入市场的物流企业，帮助其快速有效地开拓市场。(　　)

23. 对一些资金有限的物流公司，可以选择电话开发客户作为切入点来发展客户。(　　)

24. 对一些资金有限的物流公司，可以选择 Internet 营销作为切入点来发展客户。(　　)

25. 广告开发方式的客户开发人员需要有很强的语言沟通能力以及应变能力。(　　)

26. 电话方式的客户开发人员需要有很强的语言沟通能力以及应变能力。(　　)

27. 一般在 E－mail、IM（即时通信工具）式的客户开发中，还包括网站推广这一环节。(　　)

28. 一般在网站、Blog 式的客户开发中，还包括网站推广这一环节。(　　)

29. 物流公司采用网络营销方式时需要有一套完整、合理的潜在客户筛选标准，以保证有效客户不被错误地筛选掉。(　　)

30. 物流公司采用电话、E－mail、IM 营销方式时需要有一套完整、合理的潜在客户筛选标准，以保证有效客户不被错误地筛选掉。(　　)

31. 品牌形象推广是物流企业实施品牌开发客户的第一步，是建立在物流企业定位的基础上确立的。(　　)

32. 品牌形象确立是物流企业实施品牌开发客户的第一步，是建立在物流企业定位的基础上确立的。(　　)

33. 品牌形象是在传播的基础上进行的，因此，在确立品牌形象之后要进行品牌的推广。(　　)

34. 品牌的确立是在传播的基础上进行的，因此，在确立品牌形象之后要进行品牌的推广。（　　）

35. 对于物流企业来说，品牌销售的重点在于品牌形象的建立，让客户更容易获得企业的服务。（　　）

36. 对于物流企业来说，品牌销售的重点在于销售渠道的建立，让客户更容易获得企业的服务。（　　）

37. 品牌开发客户的重点在品牌销售渠道的建立。（　　）

38. 品牌开发客户的重点在品牌形象的建立。（　　）

39. 物流招投标流程总体可以分为招投标前期准备、投标方评价和公布招标结果三个步骤。（　　）

40. 物流招投标流程总体可以分为招投标前期准备、投标方评价和最终的商务谈判及合同签订三个步骤。（　　）

41. 七种客户开发途径中，电话开发客户方式是成本最低的一种。（　　）

42. 七种客户开发途径中，基于 Internet 网络的客户开发方式是成本最低的一种。（　　）

43. 物流企业在进入某个区域进行客户开发时，首先要对当地的物流消费者进行分析。（　　）

44. 物流企业在进入某个区域进行客户开发时，首先要对当地的物流市场进行分析。（　　）

45. 物流市场分析是指物流企业对自身物流服务进行综合分析，来确定与其他竞争者之间的区别。（　　）

46. 物流产品分析是指物流企业对自身物流服务进行综合分析，来确定与其他竞争者之间的区别。（　　）

47. 物流调研主要针对物流作业程序及时效，提出具体的作业标准，双方依照标准执行。（　　）

48. 运作流程调研主要针对物流作业程序及时效，提出具体的作业标准，双方依照标准执行。（　　）

49. 如果货物数量较多或者货物有特殊要求，可以采用共同配送的方式进行送货。（　　）

50. 如果货物数量较多或者货物有特殊要求，可以采用单点直送的方式进行配送。（　　）

51. 对于距离较短，时效要求较高的货品，根据客户要求可以采用限定时间内到货。（　　）

52. 对于距离较短，时效要求较高的货品，根据客户要求达到当日到货。（　　）

53. 对于远距离或者对时效要求较低的货品可根据客户要求达到当日到货。(　)

54. 对于远距离或者对时效要求较低的货品可采用限定时间内到货。(　)

55. 物流供应方应善尽保管的责任，若有短失，应负赔偿的责任。(　)

56. 物流供应方应善尽保管的责任，除不可抗力等因素外，若有短失，应负赔偿的责任。(　)

57. 储位需求设计包括两个方面：一个是仓库容量，另一个是储位设计。(　)

58. 储位需求设计包括两个方面：一个是需要多大的存储空间，另一个是储位设计。(　)

59. 货位系统方法是指将同一类商品集中存放在一起。(　)

60. 商品群系统方法是指将同一类商品集中存放在一起。(　)

61. 固定货位存储是所有货位随机分配给入库的货物，每一种货物存放的地点也不同。(　)

62. 开放式存储是所有货位随机分配给入库的货物，每一种货物存放的地点也不同。(　)

63. 对于出入库频率高，需求波动小的商品可采用开放式存储方法，而出入库频率低，需求波动大的商品采用固定货位存储方法。(　)

64. 对于出入库频率高，需求波动小的商品可采用固定货位存储方法，而出入库频率低，需求波动大的商品采用开放式存储方法。(　)

65. 在全部物流运作时间中，仓储时间的缩短对整个流通时间的缩短起决定性的作用。(　)

66. 在全部物流运作时间中，运输/配送时间的缩短对整个流通时间的缩短起决定性的作用。(　)

二、单选题（本类题型所包括的每道小题只有一个正确答案，请在给出的选项中选出正确答案。）

1. 对于物流企业来说，核心竞争力获得途径是（　）。

A. 市场营销　B. 企业战略　C. 市场规划　D. 经营策略

2. 物流企业主要服务客户所处的行业的是（　）。

A. 主导区域　B. 主导行业　C. 核心竞争力　D. 服务水平

3. 决定着物流企业是否有能力继续进行市场扩张，能否抵御外来风险的是（　）。

A. 核心竞争力的高低　B. 主导区域的高低

C. 资产水平的高低　　D. 服务水平的高低

4. 决定物流企业是否容易获得客户的认可的是（　　）。

A. 核心竞争力的高低　　B. 主导区域的高低

C. 资产水平的高低　　D. 服务水平的高低

5. 适合一些刚成立的物流企业或已有物流企业打开新市场的情况的方式是（　　）。

A. 广告开发客户　　B. 电话开发客户　　C. 传真开发客户　　D. 网络开发客户

6. 适合为客户提供专业物流服务的功能型物流企业，如国际快递物流公司的是（　　）。

A. 广告开发客户　　B. 电话开发客户　　C. 传真开发客户　　D. 网络开发客户

7. 客户开发人员需要有很强的语言沟通能力的方式是（　　）。

A. 广告　　B. 传真　　C. 电话　　D. 网络

8. 客户开发人员需要有很强的应变能力，以应对客户提出的各种问题的方式是（　　）。

A. 广告　　B. 传真　　C. 网络　　D. 电话

9. 客户开发人员需要有很强的心理承受压力能力，以应对不同的客户需求的方式是（　　）。

A. 电话　　B. 传真　　C. 网络　　D. 广告

10. 客户开发中，包括网站推广这一环节的是（　　）。

A. E－mail　　B. 网站、Blog　　C. IM　　D. 网络商务平台

11. 需要有一套完整、合理的潜在客户筛选标准，以保证有效客户不被错误地筛选掉的营销方式是（　　）。

A. 网络　　B. 传真　　C. 电话　　D. 广告

12. 物流企业实施品牌开发客户的第一步，是建立在物流企业定位的基础上确立的是(　　)。

A. 品牌管理　　B. 品牌形象推广　　C. 品牌销售　　D. 品牌形象确立

13. 对于物流企业来说，销售渠道的建立，让客户更容易获得企业的服务的是（　　）。

A. 品牌销售　　B. 品牌形象推广　　C. 品牌管理　　D. 品牌形象确立

14. 在品牌形象建立的基础上进一步延伸，包括品牌形象维护、销售渠道维护等内容的是（　　）。

A. 品牌销售　　B. 品牌管理　　C. 品牌形象推广　　D. 品牌开发

15. 客户开发方式是成本最低的一种的客户开发途径是（　　）。

A. 电话　　B. 传真　　C. 网络　　D. 广告

16. 该地区的物流市场有哪些物流公司，每个物流公司的规模大小，占当地物流市场的份额是多少等是属于（ ）。

A. 物信息途径分析　　B. 物流消费群体分析

C. 物流市场规模分析　　D. 物流市场构成分析

17. 物流企业对自身物流服务进行综合分析，来确定与其他竞争者之间的区别的是(　　)。

A. 物流产品分析　　B. 消费者分析　　C. 物流市场分析　　D. 客户群分析

18. 针对物流作业程序及时效，提出具体的作业标准，双方依照标准执行的是（　　）。

A. 仓储调研　　B. 运作流程调研　　C. 运输调研　　D. 物流调研

19. 如果货物数量较多或者货物有特殊要求，可以进行配送的方式是（　　）。

A. 一段式共配　　B. 二段式共配　　C. 单点直送　　D. 准时化配送

20. 将同一类商品集中存放在一起的方法是（　　）。

A. 固定货位存储　　B. 开放式货位存储

C. 货位系统方法　　D. 商品群系统方法

21. 所有货位随机分配给入库的货物，每一种货物存放的地点也不同的方法是（　　）。

A. 开放式货位存储　　B. 固定货位存储

C. 货位系统方法　　D. 商品群系统方法

22. 在进行储位设计时，对于出入库频率高，需求波动小的商品和出入库频率低，需求波动大的商品可分别采用（　　）。

A. 开放式存储方法、固定货位存储方法　　B. 固定货位存储方法、开放式存储方法

C. 固定货位存储方法、商品群系统方法　　D. 商品群系统方法、开放式存储方法

三、多选题（本题型所包含的每道小题都有不止一个正确答案，请选出你认为正确的答案，错选和多选者本小题不得分，少选但选项正确的可得到相应的分数。）

1. 对物流企业来说，市场定位主要包括（　　）。

A. 经营层面定位　　B. 核心竞争力定位　　C. 主导区域定位

D. 主导行业定位　　E. 资产能力及服务水平

2. 国家标准中将物流企业分为（　　）。

A. 运输型物流企业　B. 包装型物流企业　C. 仓储型物流企业

D. 配送型物流企业　E. 综合型物流企业

3. 大多数物流企业只服务于一个或几个行业，这主要是受到制约的因素有（　　）。

A. 主导区域　B. 资本实力　C. 核心竞争力能力

D. 主导行业　E. 服务水平

4. 国家标准中将物流企业的评级标准分为（　　）。

A. A 级　B. AA 级　C. AAA 级

D. AAAA 级　E. AAAAA 级

5. 国家标准中对物流企业的进行评级时，评估指标包括（　　）。

A. 经营状况　B. 主营业务　C. 设施设备

D. 人员素质　E. 信息化水平

6. 常见客户的开发途径有（　　）。

A. 广告开发客户　B. 电话开发客户　C. 传真开发客户

D. 网络开发客户　E. 展会开发客户

7. 电话开发客户时，物流企业业务员获得客户信息的途径有（　　）。

A. 黄页　B. 网页　C. 公司已有客户的名片

D. 传单　E. 调查问卷

8. Internet 营销在物流企业中的应用步骤是（　　）。

A. 架设网站　B. Blog 广告　C. 用通信软件与客户联系

D. 建立 Call Center　E. 基于网络商务平台展开营销

9. 物流公司能够采用营销方式时需要有一套完整、合理的潜在客户筛选标准，以保证有效客户不被错误地筛选掉的方式是（　　）。

A. 网站　B. 电话营销　C. E－mail　D. IM　E. Blog

10. 品牌客户开发的流程，可以分为（　　）。

A. 品牌形象确立　B. 品牌形象推广　C. 品牌销售

D. 品牌管理　E. 品牌维护

11. 在实施品牌开发客户时，要注意（　　）。

A. 品牌销售　B. 巧妙推广　C. 质量第一

D. 诚信至上　　E. 定位准确

12. 展会开发客户的一般流程包括（　　）。

A. 明确参展目标　　B. 研究并选择展会　　C. 展会前准备

D. 展中收集信息　　E. 展后跟踪

13. 物流招投标流程可以分为（　　）。

A. 招投标前期准备　　B. 投标方评价　　C. 最终的商务谈判

D. 公布招标结果　　E. 合同签订

14. 物流产业联盟的核心竞争力可以体现在（　　）。

A. 提升物流企业的知名度、扩展物流关系网络

B. 增加异地配送网络，增加代办业务和自有业务

C. 实现异地点对点的车辆共享服务，实现货运资源优化配置

D. 增加集货渠道，增加代收货款服务

E. 实现异地放车诚信保障，减少停车风险

15. 物流企业在制订客户开发策略时，需要分析（　　）。

A. 物流市场分析　　B. 消费者分析　　C. 物流产品分析

D. 成本分析　　E. 物流政策分析

16. 企业物流投标的主要内容一般应包括（　　）。

A. 提案的基本目标　　B. 企业物流资源和优势的介绍

C. 企业物流服务模式　　D. 物流信息服务模式　　E. 服务报价

17. 在针对客户需求进行仓库管理方案设计时，需要对客户的基本商品资料进行调研的数据包括（　　）。

A. 客户商品种类　　B. 商品属性　　C. 每种商品的出入库频率

D. 客户企业类型　　E. 客户企业经营情况

18. 运输调研的内容主要包括（　　）。

A. 货物的配送范围　　B. 客户期望的运输时效　　C. 对配送车辆的具体要求

D. 各条运输或配送线路的路况　　E. 配送或运输成本

19. 物流仓储方面的服务费包括（　　）。

A. 制单费　　B. 卸柜费　　C. 签收单费

D. 保管费　　E. 流通加工费

20. 仓储方案设计的流程包括（　　）。

A. 客户信息调研　　B. 储位设计　　C. 计算仓储费用

D. 报价　　E. 达成协议

21. 运输方案设计的流程包括（　　）。

A. 运输/配送调研　　B. 运输/配送设计　　C. 运输/配送费用计算

D. 报价　　E. 达成协议

22. 在运输/配送工具选择的过程中，要考虑的因素包括（　　）。

A. 货品属性　　B. 运输时效　　C. 货品数量

D. 路况　　E. 运输费用

四、情景问答题

1. 李先生是一家物流企业的经理，根据公司发展战略的要求，需要重新对企业进行市场定位，请你帮他想一想，物流企业市场定位应包括哪些内容？

2. 李先生是某物流公司的经理，公司决定由他负责某个物流项目的投标，但由于李先生是第一次做投标，并不了解投标的相关知识，请你帮他介绍一下如何做物流投标，应该从哪些方面考虑？

3. 李先生是一家物流企业的经理，该公司为了扩大业务量开发新客户，目前需要制订客户开发策略。请你帮他想--想，要从哪些方面进行分析？

五、论述题

1. 在进行仓储方案设计中的储位设计时，首先要了解商品存放的方法和原则。试述该方法和原则。

2. 小李是一个应届的大学毕业生，应聘到一家物流公司做客户开发的工作，该公司采用广告、电话两种方式进行客户开发。请你帮助小李想一想这两种方式开发客户具有哪些特点？简述其操作流程。此外，还有哪些客户的开发方式？

3. 李先生是一家物流公司的经理，现需要做一套运输方案。在对客户进行调研之后，设计的仓储方案就能具有可行性。试述运输方案设计的流程。

4. 李先生是一家物流公司的经理，现需要做一套仓储方案。试述仓储方案设计的流程。

六、案例题

某新成立的第三方物流企业拥有3吨普通卡车50辆，10吨普通卡车30辆，高级无梁仓库20000平方米，层高14米，企业地处上海市闵行地区，闵行地区是上海最早的经济技术开发区，外商投资企业多，邻近有沪闵路和莘松公路，交通便利。请比较以下四种市场定位中哪一种最适合于该企业，为什么？（1）上海西部地区的国际货运代理；（2）企业的第三方物流企业；（3）车辆外包，仓库出租；（4）省际运输仓储企业。

单元1
物流企业
管理概述

单元2
物流服务
类型

单元3
物流项目
开发

单元4
物流网络
选址

单元5
车辆管理

单元6
物流服务
管理

单元7
物流企业
财务管理

单元8
物流信息化

单元9
物流标准与
法律法规

单元4 物流网络选址

本单元学习目标

1. 了解物流网络选址的方法；
2. 掌握仓库选址的流程；
3. 掌握仓库选址的方法。

一、判断题（本类题型所包含的每道小题都只有正确或错误的一种答案，你认为正确的请在答题卡对应的题号上涂 A，错误的涂 B。）

1. 从 DC 的分工来看，起配运核心作用的是 FDC。(　　)

2. 货物选择何种流向，考虑的主要因素为配送时效和整体物流成本。(　　)

3. RDC 的功能为临时囤货，以避免在销售旺季或交通不便时可及时向销售终端供货。(　　)

4. 配送中心的选址最好靠近交通枢纽。(　　)

5. 单一配送中心向多客户配送及单一配送中心向单一客户配送采用重心法模型。(　　)

6. 成本法是通过将运输费用、配送费用、物流设施设备费用模型化，根据约束条件及目标函数来建立数学模型，通过计算选取费用最小的策略。(　　)

7. 由于大多数制造业，都采用集中生产后通路分销的模式，物流需要负责将货品从生产工厂输送到消费市场的终端，所依靠的实体系统即为物流网络系统。(　　)

8. 从物流通路看，常见的模式只有工厂→RDC→销售终端（卖场）。(　　)

9. RDC 即为 Regional Distribution Center 意为前进物流中心。(　　)

10. 对于全国性（中国大陆区）的生产和分销企业，考虑到配送时效和经济性，一般 RDC 以 5 ~9 个居多，常见的可分为东北区、华北区、西北区、华东区、华中区、华南区、西南区等。(　　)

11. 对于特定的企业而言，需要设置多少个 DC，每个 DC 的位置选择，以及货物选择何种流向最为合理，这是个复杂的规划问题。(　　)

12. 规划考虑的主要因素为配送时效和整体物流成本。可用的模型主要为区位规划模型，计算过程很简单。(　　)

13. 物流网络选址是一个简单的过程，要考虑到市场因素，当地的交通条件、气候情况等。(　　)

14. 配送中心的成本中，土地成本占有很大的比重，所以地价的高低将直接影响配送中

心的选址及网点布局。(　　)

15. 配送中心选址是配送系统规划中的关键问题之一。(　　)

16. 交通运输的不便直接影响配送中心的日常运营，因此，配送中心的选址最好靠近交通枢纽，如交通主干道枢纽，铁路编组站或者机场，方便两种以上运输方式的联接。(　　)

17. 配送中心是少量商品的集结地，需要储存少量的堆码很高的货物，不会对地面造成很大的压力。(　　)

18. 如果配送中心下面是松软的淤泥层、松土层等不良地质条件，受压地段在重压之下会产生沉陷等现象。(　　)

19. 配送中心的地形条件、气候条件以及水文条件等自然因素需要考虑。(　　)

20. 配送中心建设时还要考虑到今后配送中心的可扩展性，所以，规划配送中心时，还要考虑在规划区域内能否获得足够的土地面积。(　　)

21. 随着配送中心功能的不断延伸，对人力资源的需求也越来越少。(　　)

22. 在规划配送中心时，要考虑规划所在区域的人力资源成本。(　　)

23. 在现代物流中，能否实现准时运送是配送中心服务水平高低的重要指标。(　　)

24. 在物流网络选址时，要充分考虑到能否快速有效地为客户提供高质量的配送服务。(　　)

25. 配送中心的所在地，除了道路通畅之外，还要考虑当地的供水、供电、燃气等是否配套，是否有废水处理能力等基本条件。(　　)

26. 配送中心的选址决策通常要经过多层次的筛选，是一个逐步扩大范围的过程。(　　)

27. 资料的收集与物流网络选址的方法有关系，在物流网络选址中，一般采用成本法，即通过将运输费用、配送费用、物流设施设备费用模型化，根据约束条件及目标函数来建立数学模型，通过计算选取费用最小的策略。(　　)

28. 在进行数据分析时，分析的数据都是现有及过去的，能够真实反映未来的业务水平。(　　)

29. 由于运输费和配送费会随着业务量和运送距离的变化而变动，所以必须对每一吨千米的费用进行分析，费用包括变动费用和固定费用。(　　)

30. 用缩尺图表示顾客的位置、现有设施的配置方位及工厂的位置，并整理各候选地址的配送路线及距离等资料，对必备车辆数、作业人员数、装卸方式、装卸机械费用，不需要与成本分析结合起来考虑。(　　)

31. 在对配送中心位置进行筛选时，要根据影响因素进行初步筛选，通过层层筛选的方式确定几个或更多的配送中心的位置。( )

32. 在筛选备选位置时，可以有很多的备选位置，这样不会给后续的定量分析工作带来巨大的工作量。( )

33. 定量分析是通过数学模型计算分析最优的配送位置，配送中心的选址会因为选址范围和选址数量不同，计算的数学模型也不同。( )

34. 多配送中心向多客户配送选用重心法模型，单一配送中心向多客户配送及单一配送中心向单一客户配送采用鲍摩—瓦尔夫模型。( )

35. 通过计算得出配送中心位置后，要对结果进行评价分析，结合影响因素对配送中心进行实用性分析。( )

36. 配送中心的选址决策中收集整理资料的内容包括工厂到配送中心之间的运输量、向顾客配送的货物数量、配送中心的保管数量、各配送路线上的业务量。( )

37. 配送中心的选址决策中收集整理资料的内容相关费用收集内容有工厂至配送中心之间的运输费，配送中心到顾客之间的配送费，与设施、土地有关的费用及人工费，业务费等。( )

38. 根据物流中心的规划原则和目标，可以将选址比较法定为物流中心选址的方法。( )

39. 配送中心选址过程中应考虑的每一因素，在交通运输方面，距火车站和高速公路出口越近，得分越低，反之则越低。( )

40. 配送中心选址过程中应考虑的每一因素，在地域方面，应考虑企业密度和住宅区，可以选择住宅区附近。( )

41. 配送中心选址过程中应考虑的每一因素，在候选地形状方面中，面积不宜过小，面积大者得分越低。( )

二、单选题（本类题型所包括的每道小题只有一个正确答案，请在给出的选项中选出正确答案。）

1. RDC 即为 Regional Distribution Center，意为（ ）。

A. 地域物流中心　B. 区域物流中心　C. 前进物流中心　D. 前端物流中心

2. FDC 即为 Forward Distribution Center，意为（ ）。

A. 地域物流中心　B. 区域物流中心　C. 前进物流中心　D. 前端物流中心

3. 对于中国大陆区的生产和分销企业，一般 RDC 以（　　）个居多。

A. 5～9　　B. 4～10　　C. 3～8　　D. 6～12

4. 物流网络选址的候选地形状应考虑的因素不包括（　　）。

A. 面积　　B. 周边干线及地价　　C. 公共设施　　D. 住宅区

5.（　　）是通过将运输费用、配送费用、物流设施设备费用模型化，根据约束条件及目标函数来建立数学模型，通过计算选取费用最小的策略。

A. 重心法　　B. 边际成本法　　C. 成本法　　D. 效益法

6. RDC 的功能为（　　），以避免在销售旺季或者交通不便季节可以及时对销售终端供货。

A. 储存货物　　B. 临时囤货　　C. 永久保存货物　　D. 分销货物

7. 从物流通路看，常见的模式 1 为（　　）。

A. 工厂→RDC→销售终端（卖场）

B. 工厂→FDC→RDC→销售终端（卖场）

C. 工厂→FDC→销售终端（卖场）

D. 工厂→RDC→FDC→RDC→销售终端（卖场）

8. 从物流通路看，常见的模式 2 为（　　）。

A. 工厂→RDC→FDC→销售终端（卖场）

B. 工厂→FDC→RDC→销售终端（卖场）

C. 工厂→FDC→销售终端（卖场）

D. 工厂→RDC→FDC→RDC→销售终端（卖场）

9. 对于全国性的生产和分销企业，考虑到配送时效和经济性，一般 RDC 以 5～9 个居多，每个区选择合适的城市设置的 RDC 数量为（　　）。

A. 1 个　　B. 2 个　　C. 3 个　　D. 4 个

10. 在物流网络选址中，从 DC 的分工看，起配运核心作用的是（　　）。

A. FDC　　B. RDC 和 FDC　　C. RDC　　D. DC

11.（　　）是通过将运输费用、配送费用、物流设施设备费用模型化，根据约束条件及目标函数来建立数学模型，通过计算选取费用最小的策略。

A. 重心法　　B. 边际成本法　　C. 成本法　　D. 效益法

12. 由于运输费和配送费会随着业务量和运送距离的变化而变动，所以必须对（　　）

公里的费用进行分析。

A. 每半吨　　B. 每一吨　　C. 每一千克　　D. 每一千吨

13. 由于运输费和配送费会随着业务量和运送距离的变化而变动，所以必须对每一吨公里的费用进行分析，费用包括变动费用和（　　）。

A. 运输费用　　B. 配送费用　　C. 固定费用　　D. 设备费用

14. 由于运输费和配送费会随着业务量和运送距离的变化而变动，所以必须对每一吨公里的费用进行分析，费用包括固定费用和（　　）。

A. 运输费用　　B. 配送费用　　C. 变动费用　　D. 设备费用

15. 单一配送中心向多客户配送及单一配送中心向单一客户配送采用（　　）模型。

A. 重心法　　B. 边际成本法　　C. 成本法　　D. 效益法

16. 多配送中心向多客户配送选用（　　）模型。

A. 重心法　　B. 边际成本法　　C. 鲍摩—瓦尔夫　　D. 效益法

17. 物流中心选址中，通过计算得出配送中心位置后，要对结果进行（　　）。

A. 核实　　B. 评价　　C. 分析　　D. 评价分析

18. 物流中心选址过程中应考虑的每一因素，其中自然环境中的水文条件包括（　　）。

A. 符合建筑承载力要求　　B. 远离泛滥河流

C. 风力、降水、日照等气象因素适中　　D. 企业密度适中

19. 物流中心选址过程中应考虑的每一因素，其中地域中的周边企业情况包括（　　）。

A. 符合建筑承载力要求　　B. 远离泛滥河流

C. 风力、降水、日照等气象因素适中　　D. 企业密度适中

20. 物流中心选址过程中应考虑的每一因素，其中自然环境中的气象条件包括（　　）。

A. 符合建筑承载力要求　　B. 远离泛滥河流

C. 风力、降水、日照等气象因素适中　　D. 企业密度适中

21. 物流中心选址过程中应考虑的每一因素，其中自然环境中的地质条件包括（　　）。

A. 符合建筑承载力要求　　B. 远离泛滥河流

C. 风力、降水、日照等气象因素适中　　D. 企业密度适中

22. 物流中心选址过程中应考虑的每一因素，其中候选地中的面积包括（　　）。

A. 考虑远景规划，面积不宜过小

B. 尽量规则，以矩形为宜，适合物流中心布局

C. 路况好　　　　　　　　　　　　　D. 地价适中

23. 物流中心选址过程中应考虑的每一因素，其中候选地中的形状包括（　　）。

A. 考虑远景规划，面积不宜过小

B. 尽量规则，以矩形为宜，适合物流中心布局

C. 路况好　　　　　　　　　　　　　D. 地价适中

24. 物流中心选址过程中应考虑的每一因素，其中候选地中的周边干线包括（　　）。

A. 考虑远景规划，面积不宜过小

B. 尽量规则，以矩形为宜，适合物流中心布局

C. 路况好　　　　　　　　　　　　　D. 地价适中

25. 物流中心选址过程中应考虑的每一因素，其中候选地中的地价包括（　　）。

A. 考虑远景规划，面积不宜过小

B. 尽量规则，以矩形为宜，适合物流中心布局

C. 路况好　　　　　　　　　　　　　D. 地价适中

三、多选题（本题型所包含的每道小题都有不止一个正确答案，请选出你认为正确的答案，错选和多选者本小题不得分，少选但选项正确的可得到相应的分数。）

1. 从物流通路看，常见的模式有（　　）。

A. 工厂→RDC→销售终端（卖场）

B. 工厂→FDC→RDC→销售终端（卖场）

C. 工厂→FDC→销售终端（卖场）

D. 工厂→RDC→FDC→RDC→销售终端（卖场）

E. 工厂→RDC→FDC→销售终端（卖场）

2. 物流网络一般在选址过程中考虑的因素有（　　）。

A. 土地成本　　　　B. 交通条件　　　　C. 自然条件

D. 土地可得性　　　E. 人力成本

3. 配送中心的选址决策通常要经过多层次的筛选，是一个逐步缩小范围的过程，包括（　　）。

A. 收集整理资料　　B. 地址筛选　　　　C. 定量分析

D. 结果评价　　　　E. 改进循环

4. 配送中心的选址在收集资料时，业务量的收集包括（　　）。

A. 工厂到配送中心之间的运输量　　B. 配送中心到顾客之间的配送量

C. 向顾客配送的货物数量　　D. 配送中心的保管数量

E. 各配送路线上的业务量

5. 配送中心的选址在收集资料时，相关费用收集包括（　　）。

A. 配送中心的保管费　　B. 工厂至配送中心之间的运输费

C. 配送中心到顾客之间的配送费　　D. 人工费，业务费

E. 与设施、土地有关的费用

6. 对于网络的构建的问题，其求解过程可分为（　　）。

A. 排出不同通路模式下的总费用

B. 对不同模式下总费用进行排序，费用低的排在前面

C. 从费用最低的起，在兼顾通路约束条件下，选择通路模式的量

D. 依次选定各通路模式下的量，直到所有的客户量被分配

E. 最终结果

7. 配送中心的选址在收集资料时，信息的收集包括（　　）。

A. 必备车辆数　　B. 作业人员数　　C. 装卸方式

D. 装卸机械费用　　E. 整理各候选地址的配送路线及距离等资料

8. 由于运输费和配送费会随着业务量和运送距离的变化而变动，所以必须对每一吨公里的费用进行分析，费用包括（　　）。

A. 运输费用　　B. 变动费用　　C. 配送费用

D. 固定费用　　E. 设备费用

9. 物流中心选址过程中应考虑的每一因素，其中自然环境包括（　　）。

A. 气象条件　　B. 地质条件　　C. 水文条件

D. 地形情况　　E. 距高速公路出口距离

10. 物流中心选址过程中应考虑的每一因素，其中候选地包括（　　）。

A. 面积　　B. 形状　　C. 周边干线

D. 周边企业情况　　E. 地价

11. 物流中心选址过程中应考虑的每一因素，其中公共设施包括（　　）。

A. 供电　　B. 供水　　C. 供气　　D. 供热　　E. 通信

12. 物流中心选址过程中应考虑的每一因素，其中地域因素包括（　　）。

A. 周边干线及地价　　B. 公共设施　　C. 企业密度

D. 住宅区　　E. 道路

四、情景问答题

1. 某企业的客户分布在5个点，分别为P_1、P_2、P_3、P_4、P_5，已知条件如下表所示。现需设置一个中转仓库，产品通过该仓库间接向5个客户供货。请使用重心法求出仓库的最优选址。

客户点（i）	运输总量（V）	运输费率（R）	坐标（X_i）	坐标（Y_i）
P_1	2000	0.05	3	8
P_2	3000	0.05	8	2
P_3	2500	0.075	2	5
P_4	1000	0.075	6	10
P_5	1500	0.075	8	8

2. 企业的中心选址过程中应考虑的每一因素，选定某分数为满分后，分值越高，满意程度越高，最后合计总分最高的可选地为建议方案。请结合选址过程中考虑的因素，分析各因素与分值之间的关系。

五、论述题

1. 配送中心选址是一个复杂的过程，既要考虑到市场因素，又要考虑到当地的交通条件、气候情况等，请你谈谈在选址过程中所应考虑的因素有哪些？

2. 结合生产制造企业的物流网络布局模式，请谈谈从物流通路看，网络布局常见的模式有哪些，并进行具体分析。

3. 定量分析是通过数学模型计算分析最优的配送位置，配送中心的选址因为选址范围和选址数量不同，计算的数学模型也不同，如多配送中心向多客户配送选用鲍摩—瓦尔夫模型，单一配送中心向多客户配送及单一配送中心向单一客户配送采用重心法模型。请你阐述重心法模型及其求解方式。

单元1
物流企业
管理概述

单元2
物流服务
类型

单元3
物流项目
开发

单元4
物流网络
选址

单元5
车辆管理

单元6
物流服务
管理

单元7
物流企业
财务管理

单元8
物流信息化

单元9
物流标准与
法律法规

单元5　车辆管理

本单元学习目标

1. 掌握车辆需求数量的计算方法；
2. 掌握节约里程法的计算方法；
3. 掌握车辆选型分析方法；
4. 掌握车辆成本的计算方法；
5. 掌握车辆日常管理的内容；
6. 掌握车辆绩效考核的内容。

一、判断题（本类题型所包含的每道小题都只有正确或错误的一种答案，你认为正确的请在答题卡对应的题号上涂 A，错误的涂 B。）

1. 选择车辆类型时，要将经济性、适用性原则作为选型的标准。(　　)

2. 按照会计对成本分类方法，物流车辆运营成本可以分为固定成本和变动成本两项。(　　)

3. 车辆变动成本是指不管车辆是在行驶或者不行驶中，都要产生费用。(　　)

4. 百千米油耗是指车辆每行驶 100 千米后燃烧的燃油数量，是一个平均值。(　　)

5. 车辆年检费是指到保险公司参加车辆安全与人身安全投保产生的费用。(　　)

6. 在出车次数一定的情况下，若车辆满载，运输总费用（总收入）越高，车辆的利用率就越低。(　　)

7. 外包车辆的成本曲线起点为零，但斜率的增长水平很快。(　　)

8. 自购车辆成本曲线起点高，但斜率的增长水平较快。(　　)

9. 在车辆数量计算中，配送总量求解法主要是通过对每天物流量的统计，运用统计学方法计算出在一定服务水平条件下的车辆类型与数量。(　　)

10. 车辆固定绩效考核部分是车辆绩效考核的重点，它能反映该车辆当月整体运行情况。(　　)

11. 物流企业在车辆管理中，通过设定标准 R 值来控制车辆成本与装载量的关系，当运费率偏低时，表明企业的车辆装载量偏低或者车辆成本偏高。(　　)

12. 车辆绩效考核可以分为固定绩效考核部分和变动绩效考核部分，其中变动绩效考核部分一般占到总考核的 60% ~70% 。(　　)

13. 物流企业在车辆管理中，通过设定标准 R 值来控制车辆成本与装载量的关系，当运费率偏高时，表明企业的车辆装载量偏低或者车辆成本偏高。(　　)

14. 停车费属于意外变动成本。(　　)

15. 固定成本是指其成本随着业务量的增减变动而发生变动的成本。(　　)

16. 车辆成本分析是指通过对车辆的固定期限内的总运营成本及总的载货量进行分析，来检验物流车辆的利用率是否达标的一种方法。(　　)

17. 一般情况下，企业在发展初期偏向于选择自购车辆来满足运输或者配送的要求。(　　)

18. 车辆绩效考核可以分为固定绩效考核部分和变动绩效考核部分，其中固定绩效考核部分一般占到总考核的60%～70%。(　　)

19. 车辆事故考核是对车辆当月在一定的行驶里程中发生的事故次数，它反映车辆的安全指标。(　　)

20. 车辆折旧指车辆从买入到转卖给他人（或报废）期间产生的自然损耗费。(　　)

21. 车辆变动成本包括车辆折旧、车辆保险费、车辆年检费、车辆司机工资几项。(　　)

22. 车辆固定成本包括燃油费、修理费。(　　)

23. 修理费指车辆件发生损坏、更换而产生的修理费用。(　　)

24. 按照物流车辆产生费用的种类，物流车辆成本可以分为固定成本和变动成本两项。(　　)

25. 按照会计对成本分类方法，物流车辆运营成本可以分为设备成本、运转成本、维持成本和人工成本四项。(　　)

26. 物流企业在车辆管理中，通过设定标准 R 值来控制车辆成本与装载量的关系，假设该标准 R 值为 R^*，当 $R<R^*$ 时，企业要提高车辆等待时间来提高装载量。(　　)

27. 在车辆事故考核中，车辆事故频次与当月车辆实际行驶里程成正比。(　　)

28. 在车辆事故考核中，车辆事故频次与当月事故次数成正比。(　　)

29. 在车辆违章考核中，车辆违章频率与当月违章次数成正比。(　　)

30. 在利用率考核中，车辆利用率与可运输总量成正比。(　　)

31. 货损货差率考核是用来衡量该运输车辆当月是否有货损货差现象的发生。(　　)

32. 一般情况下，物流企业的物流量服从正态分布，通过统计学方法可以大致估算出在一定服务水平条件下的车辆类型及数量。(　　)

33. 在出车次数一定的情况下，车辆满载10立方米，运输总费用（总收入）越高，车辆的利用率就越低。(　　)

34. 运营车辆的风险是最大的也是最不容易控制的风险。(　　)

35. 节约里程法下的车辆数量确定方法的基本思路是先确定最佳的配送路线，根据配送路线的数量来确定配送车辆的数量，再根据每个配送线路经过的配送点的配送量，计算出需

要的配送车辆的大小。（ ）

36. 车辆司机工资属于车辆固定成本。（ ）

37. 仓储配送型物流企业通常要选择容积量比较大的物流车辆。（ ）

38. 通常运输型物流企业则选择车型较小、比较灵活的物流车辆。（ ）

39. 消耗油耗指标考核可以衡量当月该车辆是否有滥用情况的发生，有效控制车辆的使用效率。（ ）

40. 如果现在购入一辆新车，假设车价是 12 万元，使用 4 年后，该车若按市场交易价可卖 4 万元，则该车每年的平均折旧费是 2 万元。（ ）

41. 车辆修理费用支出的多少主要取决于驾驶员车技的高低和对车辆的爱惜程度。（ ）

42. 冷链行业物流在选择车辆时与选择一般的物流车辆相同。（ ）

43. 通常当企业发展到一定规模后，偏向于通过车辆外包的方式解决运输和配送车辆问题。（ ）

44. 成本对车辆外包还是自购的影响就是当自购车辆产生的物流成本比外包车辆产生的物流成本高时，就选择外包车辆。相反，则选择自购车辆。（ ）

二、单选题（本类题型所包括的每道小题只有一个正确答案，请在给出的选项中选出正确答案。）

1. 假设现在购入一辆新车，车价是 15 万元，使用 4 年后，该车若按市场交易价可卖 10 万元，则该车 4 年的年平均折旧费为（ ）万元。

A. 1.25　　B. 1.5　　C. 1.75　　D. 1

2. 下列属于车辆固定成本的是（ ）。

A. 燃油费　　B. 工资　　C. 修理费　　D. 停车费

3. 不管车辆是在行驶或者不行驶中，都要产生费用是（ ）。

A. 固定成本　　B. 耗油量　　C. 修理费　　D. 变动成本

4. 下列哪项可以衡量当月该车辆是否有滥用情况的发生，可有效控制车辆的使用效率（ ）。

A. 车辆事故考核　　B. 车辆违章考核　　C. 消耗油耗指标考核　　D. 利用率考核

5. 下列哪项是指车辆从买入到转卖给他人（或报废）期间产生的自然损耗费（ ）。

A. 车辆折旧　　B. 车辆保险费　　C. 车辆年检费　　D. 人工费用

6. 燃油费用属于（　　）。

A. 设备成本　B. 运转成本　C. 维持成本　D. 人工成本

7. 车辆折旧属于（　　）。

A. 设备成本　B. 运转成本　C. 维持成本　D. 人工成本

8. 车辆定期保养费属于（　　）。

A. 燃油费　B. 修理费　C. 车辆年检费　D. 人工费用

9. 用来衡量驾驶员是否按照国家相关法律法规正确驾驶的标准的是（　　）。

A. 车辆事故考核　B. 车辆违章考核　C. 车辆维修考核　D. 货损货差率考核

10. 用来衡量运输车辆当月是否有货损货差现象的发生的是（　　）。

A. 车辆事故考核　B. 车辆违章考核　C. 车辆维修考核　D. 货损货差率考核

11. 下列哪项是固定绩效考核的补充，它反映考核的完成情况（　　）。

A. 车辆事故考核　B. 变动绩效考核　C. 车辆维修考核　D. 利用率考核

12. 下列哪项是指到保险公司参加车辆安全与人身安全投保产生的费用（　　）。

A. 车辆折旧　B. 车辆保险费　C. 车辆年检费　D. 人工费用

13. 下列哪项是指其成本随着业务量的增减变动而发生变动的成本（　　）。

A. 固定成本　B. 运营成本　C. 机会成本　D. 变动成本

14. 对车辆当月在一定的行驶里程中发生的事故次数，反映车辆的安全指标的是（　　）。

A. 车辆事故考核　B. 车辆违章考核　C. 车辆维修考核　D. 货损货差率考核

15. 由指定车检所对所有机动车辆每年进行一次安全为主的检查所产生的费用是（　　）。

A. 车辆折旧　B. 车辆保险费　C. 车辆年检费　D. 人工费用

16. 用来衡量驾驶员是否按照国家相关法律法规正确驾驶的标准的是（　　）。

A. 车辆事故考核　B. 车辆违章考核　C. 车辆维修考核　D. 货损货差率考核

17. 下列哪项是考核车辆是否被正确的利用，且可以有效监督驾驶员正确的操作车辆和爱护车辆（　　）。

A. 车辆事故考核　B. 车辆违章考核　C. 车辆维修考核　D. 货损货差率考核

18. 下列哪项是检验车辆每月是否被充分利用，车辆的满载率是否较低（　　）。

A. 车辆事故考核　B. 变动绩效考核　C. 车辆维修考核　D. 利用率考核

19. 车辆年检费属于（　　）。

A. 设备成本　B. 运转成本　C. 维持成本　D. 人工成本

20. 在车辆成本曲线上，自购车辆成本曲线起点和斜率增长水平分别表现为（　　）。

A. 高、快　B. 高、慢　C. 低、快　D. 低、慢

21. 在车辆成本曲线上，外包车辆成本曲线起点和斜率增长水平分别表现为（　　）。

A. 高、慢　B. 零、慢　C. 低、快　D. 零、快

22. 停车费属于（　　）。

A. 燃油费　B. 修理费　C. 固定成本　D. 变动成本

23. 车辆罚款费属于（　　）。

A. 燃油费　B. 修理费　C. 固定成本　D. 变动成本

24. 下列属于固定成本的是（　　）。

A. 燃料成本　B. 劳动成本　C. 维修费用　D. 购置车辆费用

25. 下列哪项属于变动成本（　　）。

A. 管理费　B. 联合成本　C. 维修费用　D. 购置车辆费用

26. 节约里程法计算时哪项因素不是必须给的（　　）。

A. 车辆类型　B. 配送距离　C. 各门店间距离　D. 节约距离

三、多选题（本题型所包含的每道小题都有不止一个正确答案，请选出你认为正确的答案，错选和多选者本小题不得分，少选但选项正确的可得到相应的分数。）

1. 车辆选型的适用性可以从以下哪几个方面展开（　　）。

A. 自身物流特点　B. 自身服务的行业特征

C. 产品特征　D. 相关政策

2. 下列属于车辆变动成本的是（　　）。

A. 车辆折旧　B. 燃油费　C. 车辆年检费　D. 修理费

3. 按照物流车辆产生费用的种类，物流车辆成本可以分为（　　）。

A. 设备成本　B. 运转成本　C. 维持成本　D. 人工成本

4. 下列何种情况下物流企业选择外包物流车辆（　　）。

A. 企业处于发展初期　B. 企业规模不大

C. 企业处于成熟期　D. 企业规模大

5. 车辆日常管理的内容有（　　）。

A. 车辆事故管理　B. 车辆日常维护　C. 车辆报修　D. 车辆调度

6. 车辆利用率取决于下列哪些因素（　　）。

A. 当月行驶里程　B. 实际运输量　C. 可运输总量　D. 运输总金额

7. 车辆运营成本从成本产生原因可分为（　　）。

A. 设备成本　B. 运转成本　C. 维持成本　D. 人工成本

8. 下列属于车辆运营成本中维持成本是（　　）。

A. 车辆年检　B. 车辆维修　C. 车辆保险　D. 其他费用

9. 选择车辆类型时，下列应作为经济性原则考虑因素的是（　　）。

A. 车辆价格　B. 耗油量　C. 政策补贴　D. 其他类型费用

10. 按照会计对成本分类方法，物流车辆运营成本可以分为（　　）。

A. 固定成本　B. 机会成本　C. 运营成本　D. 变动成本

11. 下列属于物流车辆运营成本的固定成本有（　　）。

A. 车辆折旧　B. 车辆保险费　C. 车辆年检费　D. 人工费用

12. 下列属于物流车辆运营成本的变动成本有（　　）。

A. 燃油费　B. 修理费　C. 停车费　D. 车辆罚款

13. 下列属于车辆固定绩效考核指标有（　　）。

A. 车辆事故考核　B. 车辆违章考核　C. 车辆维修考核　D. 利用率考核

14. 常用的车辆险种有（　　）。

A. 车辆损失险　B. 第三者责任险　C. 乘坐险　D. 交通强制险

15. 利用“节约法”制订出的配送方案除了使配送的总成本最小外，还必须满足如下的（　　）条件。

A. 方案能够满足所有用户的要求

B. 不使任何一辆车超载

C. 每一辆车每天的总运行时间或者行驶里程不超过规定的上限

D. 能够满足用户到货时间的要求

四、情景问答题

1. A 物流公司与 B 公司初步达成了提供配送服务的意向，每年的合同金额为 2000 万元。

但A物流公司此时所拥有的车辆并不能满足其运输要求，在买不买车辆的问题上，物流公司面临两个选择：（1）立即投资200万元购置车辆，组建自己的车队；（2）暂不买车，租车经营。请用所学知识回答自营车队与租车经营的利弊各在什么地方？

2. 设配送中心O向7个用户A、B、C、D、E、F、G配送货物，其配送路线网络、配送中心与用户的距离以及用户之间的距离如下图与下表所示，图中括号内的数字表示客户的需求量（单位：吨），线路上的数字表示两节点之间的距离（单位：千米），现配送中心有2台4吨卡车和2台6吨卡车两种车辆可供使用。试用节约里程法制订最优的配送方案。

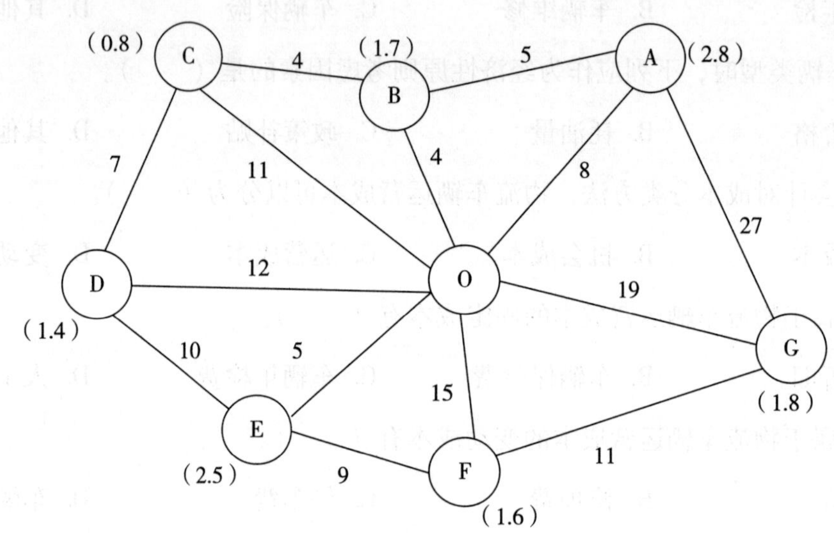

配送网络图

运输里程表

需要量	O							
2.8	8	A						
1.7	4	5	B					
0.8	11	9	4	C				
1.4	12	16	11	7	D			
2.5	5	13	9	13	10	E		
1.6	15	22	18	22	19	9	F	
1.8	19	27	23	30	30	20	11	G

3. 设配送中心向5个客户配送货物，其配送路线网络、配送中心与客户的距离以及客户之间的距离如下图与下表所示，图中括号内的数字表示客户的需求量（单位：吨），线路上的数字表示两节点之间的距离（单位：千米），现配送中心有3台2吨卡车和2台4吨卡车两

种车辆可供使用。

（1）试用节约里程法制订最优的配送方案。

（2）假定卡车行驶的平均速度为40 千米/小时，试比较优化后的方案比单独向各客户分送可节约多少时间？

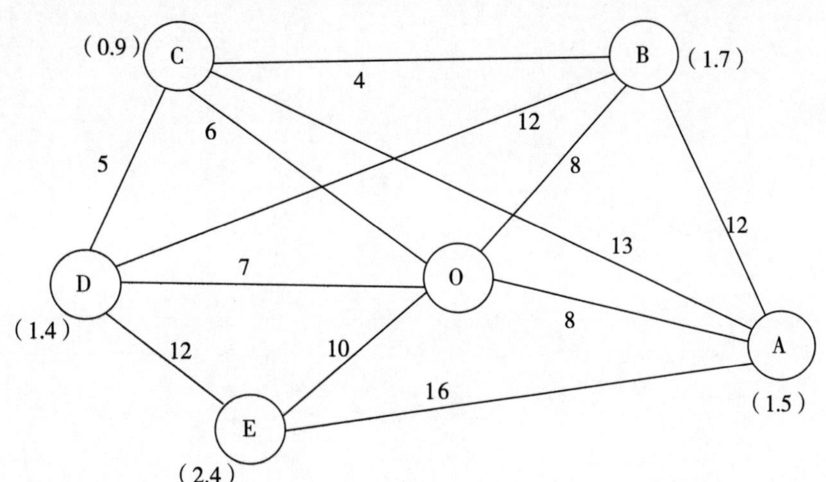

配送网络图

运输里程表

需要量	O					
1. 5	8	A				
1. 7	8	12	B			
0. 9	6	13	4	C		
1. 4	7	15	9	5	D	
2. 4	10	16	18	16	12	E

五、论述题

1. 试论述配送总量求解和节约里程法求解这两种计算方法有哪些不同？
2. 试论述什么是车辆成本分析及车辆成本的分类？
3. 试论述车辆运营模式决策应考虑哪些因素？
4. 试论述车辆选型时应考虑哪些因素？
5. 试论述车辆绩效考核的分类及相关考核因素。

种车辆可供使用。

（1）试用节约里程法制订最优的配送方案。

（2）假定卡车行驶的平均速度为 40 千米/小时，试比较优化后的方案比单独向各客户分送可节约多少时间？

配送网络图

运输里程表

需要量	O					
1.5	8	A				
1.7	8	12	B			
0.9	6	13	4	C		
1.4	7	15	9	5	D	
2.4	10	16	18	16	12	E

五、论述题

1. 试论述配送总量求解和节约里程法求解这两种计算方法有哪些不同？

2. 试论述什么是车辆成本分析及车辆成本的分类？

3. 试论述车辆运营模式决策应考虑哪些因素？

4. 试论述车辆选型时应考虑哪些因素？

5. 试论述车辆绩效考核的分类及相关考核因素。

单元1
物流企业
管理概述

单元2
物流服务
类型

单元3
物流项目
开发

单元4
物流网络
选址

单元5
车辆管理

单元6
物流服务
管理

单元7
物流企业
财务管理

单元8
物流信息化

单元9
物流标准与
法律法规

单元 6　物流服务管理

本单元学习目标

1. 掌握物流服务的概念；
2. 掌握物流服务质量管理流程；
3. 掌握 PDCA 方法进行物流服务质量管理；
4. 掌握客户投诉的处理流程。

一、判断题（本类题型所包含的每道小题都只有正确或错误的一种答案，你认为正确的请在答题卡对应的题号上涂A，错误的涂B。）

1. 物流服务是为满足客户需求所实施的一系列物流活动产生的结果。（　　）

2. 物流服务是指通过对物流服务质量进行管控达到提升物流服务质量的一系列活动总和。（　　）

3. PDCA质量管理法是由美国质量管理专家戴明博士将其运用到质量管理中，总结出“策划（Plan）、实施（Do）、检查（Check）、处置（Action）四个阶段，成为PDCA循环。（　　）

4. 在应用PDCA进行质量管理时，一般又将该方法划分为“四个阶段、六个步骤”。（　　）

5. 6西格玛质量管理的5个阶段中，主要工作是确定CTQ的改善目标值并实施的阶段是定义阶段。（　　）

6. 6西格玛质量管理的5个阶段中，主要工作是将改善成果进行标准化，并运用相关工具对实施成果进行监控是改善阶段。（　　）

7. 6西格玛质量管理的5个阶段中，测量阶段的意义是对指标进行量化，对工作改善的目标和成果清晰化。（　　）

8. 客户满意，对于第三方物流企业来说，仅包括自身客户。（　　）

9. 客户从发出订单到收到货物的过程可以看做是一项物流服务，产品包装等单纯的某项物流活动也可以看做是一项物流服务。（　　）

10. 物流服务已成为企业差别化战略的重要内容，随着市场竞争的加剧及价格的日趋透明化，企业之间的价格竞争能够实现差异化的经营方式。（　　）

11. 通过高质量的物流服务可以在交货及时性、配送准确率等方面提高企业竞争力，实现物流服务差异化。（　　）

12. 对于大多数企业而言，物流属于核心业务，所以很容易进行专业化的改善。（　　）

13. 在产品日趋同化的今天，企业之间的竞争已经不是产品与产品之间的竞争，而是服务

质量的竞争，物流服务作为企业服务内容的重要部分，已经受到越来越多企业的重视。( )

14. 物流服务区别于其他服务，它能够推动物品从供给者向需求者之间的流通，在流通过程中伴随着商品信息的传递，通过信息的传递让企业及时了解市场动态。( )

15. 物流服务质量管理是指通过对物流服务质量进行管控达到提升物流服务质量的一系列活动总和。( )

16. 建立物流服务工作标准的首要任务是确定客户对物流服务的看法，确定客户最需要的物流服务是什么。( )

17. 一些客户理解从下单开始计算到收到货物为止这段时间都是物流服务时效，实际上前期的订单信用审核、订单商品种类数量核对等订单前期处理工作也都属于物流时效计算范围之内。( )

18. 物流服务的内容会因为行业不同而不同，除了传统的物流时效、服务态度等常规内容之外，有些行业可能还包括货物暂存、发货前短信或电话通知等一些附加物流服务。( )

19. 在调查客户对物流服务的看法时，不需要追问一下客户是否还需要其他的物流服务。( )

20. 调查客户对物流服务的态度最终目的是为了提高物流服务水平，在同竞争对手的竞争中占得先机，所以在调查时可以了解客户对竞争对手服务水平的态度。( )

21. 在做完物流服务质量调查之前，要对调查的内容进行整理分析。( )

22. 企业要根据调查来的数据，对企业的物流服务水平进行分析，确定哪些服务项目是客户满意的，哪些是客户不满意的。( )

23. 通过对自身物流服务水平进行分析就能确定哪些方面是优势，哪些方面是劣势。( )

24. 即使物流企业各项指标都比较好，但由于客户对高质量物流服务的追求，会导致客户对物流服务永远处于不满足状态，这时候物流企业要根据客户情况进行分类。( )

25. 在制订物流服务内容时，要根据客户实际调查的结果，参考客户对竞争对手的评价，重点突出自身的优势，弥补自身的劣势。( )

26. 物流服务内容制订时要经济可行，不能盲目追求高标准、高质量的物流服务，也要参考自身经济实力，尽可能的为客户提供更好的物流服务。( )

27. 物流服务机制建立是指将建立起来的物流服务内容及标准纳入公司章程，每个员工在工作过程中要以公司章程为宗旨，培养员工良好的遵守规章意识。( )

28. 物流服务机制建立起来之后，物流企业要定期对服务机制的实施情况进行检查

评价。(　)

29. 在应用PDCA进行质量管理时，一般又将该方法划分为“八个阶段、四个步骤”。(　)

30. 对于企业来说，整个企业构成一个大的PDCA循环，而企业的各个部门或者各个分支机构又有各自的PDCA循环，依次又有更小的PDCA循环，从而形成一个大环套小环的综合管理体系。(　　)

31. PDCA四个阶段周而复始的循环，每循环一次，质量水平就提高一次，循环往复直至解决问题。(　　)

32. PDCA循环的四个阶段是独立的，各个阶段之间是截然分开的。(　　)

33. 在企业的质量管理中，往往是计划、布置多，实施、检查少，总结、处理更多。只有PDC阶段，而没有A阶段，或者有A阶段但没有起到应有的作用，使PDCA循环不能顺利进行，工作质量和产品质量难以提高。(　　)

34. 在PDCA循环的运转中“处置”阶段十分关键，它具有承上启下的作用。(　　)

35. 6西格玛质量管理总共分为4个阶段，即D（定义）—M（测量）—A（分析）—I（改善）。(　　)

36. 6西格玛质量管理的分析方法是流程分析和数据分析两种分析方法的综合，通过收集的数据对每一个环节进行逐一诊断，直至找出问题环节。(　　)

37. 在6西格玛分析工具中，有些是数据分析工具，如直方图、趋势图等，这些分析工具可以通过Word操作来实现，关键点是保证分析数据的准确性。(　　)

38. 现代物流企业常用JAVA软件来进行客户的信息管理工作。(　　)

39. 客户档案除包括客户名称、所属行业、地址等基本信息，还将客户按不同标准分类，以便于对客户信息的准确把握和物流需求预测。(　　)

40. 物流企业很难将服务业务扩展到互联网上，很难真正实现定制的个性化服务。(　　)

41. 当一客户通过企业的网页购买了物流服务方案后，销售系统不会记录下客户购买和浏览过的服务内容，当他再次进入企业的网页时，系统不会识别出他的身份。(　　)

42. 对有关物流基础方案的信息及销售、库存等情况的查询、分析，可以使营销人员能够对市场营销活动有效的加以计划、执行、监视和分析。(　　)

43. 物流客户关系管理搜集的数据不包括竞争对手档案管理信息。(　　)

44. 对于市场变化、客户销售收入、客户的人口统计资料等数据，企业要将这些分散、众多的客户数据集成，组建一个能够反映企业客户群特征和要求的完整的背景资料，构成并

提供客户的总体、统一、具体的客户分析。( )

45. 客户是物流企业的资产，每一位客户都是企业的重要资产，在资源约束条件下，每一位客户都会因为满意的服务而推荐潜在客户。( )

46. 按照80/20法则，那些经常、重复购买企业的产品和服务，并且对这些产品和服务有着深刻理解和认识的20%客户，将成为重要客户，他们理应得到更多的企业附加服务。( )

47. 企业对客户的需求及其变动通过CRM系统完全处于一种互动的接受和反应之中，这种互动的个性化服务既让企业提高了经营效率，也让客户增强了对企业的信任。( )

48. 客户只有在利益受到损害时才会投诉，物流企业在接到客户投诉时，首先要耐心倾听客户投诉的内容，并做好投诉记录，待客户叙述完毕后，复述客户投诉的内容。( )

49. 物流企业在倾听客户投诉时，要对客户的投诉极力辩解。( )

50. 物流企业在接到客户投诉时，在倾听完客户投诉之后，不管是不是因为物流的原因，都要向客户表示歉意，并及时告知正确的解决问题的途径。( )

51. 在处理客户投诉时，要明确自身的职责范围，不能做出超出自身解决范围之外的方案，对于自己当时无法答复客户的，要尽快向上级领导汇报相关情况，由上级领导做出决定性解决方案。( )

52. 一个成功实施CRM的企业，往往会让客户自己对企业了解其需求的全面而惊讶。( )

53. 物流企业通过客户的购买服务数据，能够针对不同客户创建个性化的促销和服务建议，并通过Internet向客户发出这些建议。( )

54. 改善阶段是对改善方案进行监控，确保6西格玛质量管理的成果具有可持续性。( )

55. 控制阶段是设定改善目标值并根据分析结果组织相关人员实施改善方案。( )

56. 6西格玛质量管理就是以6δ值为目标，在增强顾客满意度，使经营资源的消费控制到最小限度下，使用统计手段，改善日常的作业流程，提升企业经营效益的有效管理方法。( )

57. 在6西格玛分析工具中，有些是原因分析，如因果矩阵图、鱼刺图等，这些分析工具可以通过MS—Office系列工具的操练来实现，关键点是对流程的把握要准确，对原因分析要全面。( )

58. 物流客户信息管理对于企业的市场营销活动是至关重要的，它可以大规模、全方位收集、分析客户信息，能够为市场营销提供越来越丰富的数据资源。( )

59. 只有很好地进行了D阶段的工作，才能切实地把PDCA循环转完一圈，把成功的经

验和失败的教训纳入标准（规则、制度）中去，就可以防止同类问题的再发生，质量管理水平就可以不断提高。(　　)

二、单选题（本类题型所包括的每道小题只有一个正确答案，请在给出的选项中选出正确答案。）

1. PDCA 的四个阶段有策划、实施、检查和（　　）。

A. 处置　　B. 循环　　C. 核实　　D. 分析

2. PDCA 的四个阶段中在实施阶段（D 阶段）时，该阶段包括（　　）。

A. 分析现状，找出问题　　B. 制订措施计划

C. 按计划实施　　D. 调查结果

3. 物流服务包括的要素有按照客户要求进行的物流活动和（　　）。

A. 客户满意　　B. 成本降到最低

C. 厂家满意　　D. 满足整体效益最大

4. PDCA 的四个阶段中在检查阶段（C 阶段）时，该阶段包括（　　）。

A. 分析现状，找出问题　　B. 制订措施计划

C. 按计划实施　　D. 调查结果

5. 6 西格玛质量管理的 5 个阶段中，主要工作是确定 CTQ 的改善目标值并实施的是（　　）。

A. 定义阶段　　B. 测量阶段　　C. 分析阶段　　D. 改善阶段

6. 6 西格玛质量管理的 5 个阶段中，主要工作是测量现阶段公司 CTQ 的实际指标的是(　　)。

A. 定义阶段　　B. 测量阶段　　C. 分析阶段　　D. 改善阶段

7. 物流服务区别于其他服务，它能够推动物品从供给者向需求者之间的流通，在流通过程中伴随着商品信息的传递，通过（　　）让企业及时了解市场动态。

A. 供需双方的合作　　B. 客户的反馈

C. 信息的传递　　D. 销售量的变化情况

8. （　　）是指通过对物流服务质量进行管控达到提升物流服务质量的一系列活动总和。

A. 物流服务管理　　B. 物流服务质量管理

C. 物流质量管理　　D. 物流管理

9. 建立物流服务工作标准的首要任务是确定客户对物流服务的看法以及（　　）。

A. 确定客户最需要的物流服务是什么　　B. 确定客户最需要的产品是什么

C. 确定客户最需要的服务是什么　　D. 确定客户最注重的是哪方面

10. 调查客户对物流服务的态度最终目的是为了（　　）。

A. 确定客户最需要的物流服务是什么　　B. 增加企业实力

C. 提高销售额　　D. 提高物流服务水平

11.（　　）是指将建立起来的物流服务内容及标准纳入公司章程，每个员工在工作过程中要以服务客户为宗旨，培养员工良好的客户服务意识。

A. 物流服务机制建立　　B. 物流服务综合评价

C. 物流服务内容制订　　D. 物流服务信息收集

12. 物流服务中，（　　）是指物流服务要表述清楚，具有量化指标，能够进行定量控制和评估。

A. 制度要明确　　B. 标准要明确　　C. 目的要明确　　D. 服务要明确

13. PDCA 质量管理法是由美国质量管理专家戴明博士将其运用到质量管理中，P 阶段属于（　　）。

A. 策划　　B. 实施　　C. 检查　　D. 处置

14. PDCA 质量管理法是由美国质量管理专家戴明博士将其运用到质量管理中，D 阶段属于（　　）。

A. 策划　　B. 实施　　C. 检查　　D. 处置

15. PDCA 质量管理法是由美国质量管理专家戴明博士将其运用到质量管理中，C 阶段属于（　　）。

A. 策划　　B. 实施　　C. 检查　　D. 处置

16. PDCA 质量管理法是由美国质量管理专家戴明博士将其运用到质量管理中，A 阶段属于（　　）。

A. 策划　　B. 实施　　C. 检查　　D. 处置

17. PDCA 循环的特点中，（　　）又将其形象地称为“走楼梯”。

A. 螺旋上升 PDCA　　B. 大环套小环

C. PDCA 循环是综合性循环　　D. “处置”阶段是关键

18. 6 西格玛质量管理的 5 个阶段中，主要工作是定义影响客户物流服务满意度的关键品质特性的是（　　）。

A. 定义阶段　　B. 测量阶段　　C. 分析阶段　　D. 改善阶段

19. 6 西格玛质量管理的 5 个阶段中，主要工作是分析影响 CTQ 指标的原因，并对影响原因进行排序，确定主要原因的是（　　）。

A. 定义阶段　　B. 测量阶段　　C. 分析阶段　　D. 改善阶段

20. 6 西格玛质量管理的 5 个阶段中，工作意义是明确 6 西格玛质量管理改善的方向和目标的是（　　）。

A. 定义阶段　　B. 测量阶段　　C. 分析阶段　　D. 改善阶段

21. 6 西格玛质量管理的 5 个阶段中，工作意义是对指标进行量化，对工作改善的目标和成果清晰化的是（　　）。

A. 定义阶段　　B. 测量阶段　　C. 分析阶段　　D. 改善阶段

22. 6 西格玛质量管理的 5 个阶段中，工作意义是确定对影响服务质量的关键因素进行改善的是（　　）。

A. 定义阶段　　B. 测量阶段　　C. 分析阶段　　D. 改善阶段

23. 6 西格玛质量管理的 5 个阶段中，工作意义是将之前的分析成果进行实施，达到 6 西格玛质量管理的目标的是（　　）。

A. 定义阶段　　B. 测量阶段　　C. 分析阶段　　D. 改善阶段

24. 6 西格玛质量管理的 5 个阶段中，工作意义是使 6 西格玛质量管理具有可持续性的是(　　)。

A. 定义阶段　　B. 测量阶段　　C. 分析阶段　　D. 控制阶段

25. 6 西格玛质量管理的 5 个阶段中，主要工作是将改善成果进行标准化，并运用相关工具对实施成果进行监控的是（　　）。

A. 定义阶段　　B. 测量阶段　　C. 分析阶段　　D. 控制阶段

26. 物流客户信息管理的作用中，能够记录客户的详细信息及以往与客户的联络情况，包括客户档案管理、联络记录管理的是（　　）。

A. 有效整合客户的关键信息

B. 为客户提供个性化服务，增加客户对企业的忠诚度

C. 提高售前工作的效率和质量

D. 企业对市场条件的变化做出及时反应

27. 物流客户信息管理的作用中，能够物流企业能够将服务业务扩展到互联网上，使客户能够通过 Internet 选择并购买具有个性化配置的产品和服务的是（　　）。

A. 有效整合客户的关键信息

B. 为客户提供个性化服务，增加客户对企业的忠诚度

C. 提高售前工作的效率和质量

D. 企业对市场条件的变化做出及时反应

28. 物流客户信息管理的作用中，能够对有关物流基础方案的信息及销售、库存等情况的查询、分析，可以使营销人员能够对市场营销活动有效的加以计划、执行、监视和分析的是（　　）。

A. 有效整合客户的关键信息

B. 为客户提供个性化服务，增加客户对企业的忠诚度

C. 提高售前工作的效率和质量

D. 企业对市场条件的变化做出及时反应

29. 物流客户信息管理的作用中，能够根据历史记录预测未来他们的购买意向及市场销售的趋势的是（　　）。

A. 有效整合客户的关键信息

B. 为客户提供个性化服务，增加客户对企业的忠诚度

C. 提高售前工作的效率和质量

D. 企业对市场条件的变化做出及时反应

30. 6 西格玛质量管理中每个阶段工作的任务各不相同，定义阶段主要是（　　）。

A. 找到问题的所在，确定改善的目标

B. 将客户反映问题进行量化

C. 主要将客户反映问题进行分解，找出造成这些问题的主观原因

D. 设定改善目标值并根据分析结果组织相关人员实施改善方案

31. 6 西格玛质量管理中每个阶段工作的任务各不相同，测量阶段的关键点是（　　）。

A. 找到问题的所在，确定改善的目标

B. 将客户反映问题进行量化

C. 主要将客户反映问题进行分解，找出造成这些问题的主观原因

D. 设定改善目标值并根据分析结果组织相关人员实施改善方案

32. 6 西格玛质量管理中每个阶段工作的任务各不相同，分析阶段主要是（　　）。

A. 找到问题的所在，确定改善的目标

B. 将客户反映问题进行量化

C. 主要将客户反映问题进行分解，找出造成这些问题的主观原因

D. 设定改善目标值并根据分析结果组织相关人员实施改善方案

33. 6 西格玛质量管理中每个阶段工作的任务各不相同，改善阶段主要是（　　）。

A. 找到问题的所在，确定改善的目标

B. 将客户反映问题进行量化

C. 主要将客户反映问题进行分解，找出造成这些问题的主观原因

D. 设定改善目标值并根据分析结果组织相关人员实施改善方案

34. 6 西格玛质量管理中每个阶段工作的任务各不相同，控制阶段主要是（　　）。

A. 找到问题的所在，确定改善的目标

B. 将客户反映问题进行量化

C. 主要将客户反映问题进行分解，找出造成这些问题的主观原因

D. 对改善方案进行监控

三、多选题（本题型所包含的每道小题都有不止一个正确答案，请选出你认为正确的答案，错选和多选者本小题不得分，少选但选项正确的可得到相应的分数。）

1. 物流服务包括的要素有（　　）。

A. 按照客户要求进行的物流活动　　B. 满足整体效益最大

C. 成本降到最低　　D. 客户满意　　E. 厂家满意

2. 物流服务的意义有（　　）。

A. 物流服务已成为企业差别化战略的重要内容

B. 物流服务能够有效降低企业经营成本

C. 物流服务日益深刻地影响企业经营绩效

D. 物流服务是有效联接供应链经营系统的重要手段

E. 物流服务具有可替代性

3. 物流服务质量管理流程有（　　）。

A. 物流服务信息收集　　B. 物流服务现状分析　　C. 物流服务内容制订

D. 物流服务机制建立　　E. 物流服务综合评价

4. 在开展物流服务信息收集工作时，客户物流服务调查时需要做的工作有（　　）。

A. 确定哪方面物流服务可提高效益

B. 确定客户对现有物流服务水平的评价

C. 确定哪方面物流服务是客户最为关心的

D. 确定客户还需要哪些额外物流服务

E. 确定客户对竞争对手的评价

5. 在做完物流服务质量调查之后，要对调查的内容进行整理分析，一般有（　　）。

A. 竞争对手销售能力水平分析　　B. 自我服务水平分析

C. 物流服务整体水平分析　　D. 竞争对手物流服务水平分析

E. 顾客可接受的服务水平分析

6. 第三方物流企业在制订物流服务内容时，要注意（　　）。

A. 竞争对手物流服务能力水平分析　　B. 物流服务的标准要明确

C. 自我服务水平分析　　D. 物流服务对象要分类

E. 物流服务内容差异化、经济化

7. PDCA 的特点是（　　）。

A. 大环套小环　　B. 增强顾客满意度

C. 使用统计手段，改善日常的作业流程

D. 螺旋上升 PDCA　　E. PDCA 循环是综合性循环

8. 6 西格玛质量管理主要阶段有（　　）。

A. 定义　　B. 测量　　C. 分析　　D. 改善　　E. 控制

9. 物流客户信息管理的作用和意义是（　　）。

A. 有效整合客户的关键信息

B. 为客户提供个性化服务，增加客户对企业的忠诚度

C. 提高售前工作的效率和质量

D. 企业对市场条件的变化做出及时反应

E. 是有效联接供应链经营系统的重要手段

10. 物流服务质量体系中，在面对客户投诉时，物流企业一般遵循的处理流程有（　　）。

A. 倾听客户投诉　　B. 向客户致歉　　C. 提供解决方案

D. 执行解决方案　　E. 投诉处理总结

11. 调查客户对物流服务的态度最终目的是为了提高物流服务水平，在同竞争对手的竞争中占得先机，所以在调查时可以（　　）。

A. 倾听客户投诉

B. 了解客户对竞争对手服务水平的态度

C. 了解竞争对手在哪些方面是客户比较满意的

D. 可增加的服务有哪些

E. 哪些是客户不满意的

12. 物流服务标准须明确的主要原因是（　　）。

A. 明确的目标可以为员工工作提供指导方向

B. 激发员工的责任心

C. 增加企业销售额

D. 可以帮助企业正确评估自身服务水平

E. 为改善工作提供指导方向

13. 物流企业要根据客户情况进行分类，按照 ABC 分类方法为不同的客户提供有差别的物流服务，服务对象可分为（　　）。

A. 较重要客户群但为企业带来较少收益的客户群

B. 最重要客户群或为企业带来最多收益的客户群

C. 较重要客户群或为企业带来较多收益的客户群

D. 不重要客户群或为企业带来很少收益的客户群

E. 不重要客户群但可为企业带来较多收益的客户群

14. 在制订物流服务内容时，要遵守的原则有（　　）。

A. 要根据客户实际调查的结果

B. 参考客户对竞争对手的评价

C. 重点突出自身的优势，弥补自身的劣势

D. 要经济可行，不能盲目追求高标准、高质量的物流服务

E. 要参考自身经济实力

15. 物流服务机制建立起来之后，物流企业应当（　　）。

A. 定期对服务机制的实施情况进行检查评价

B. 评价方法可以根据制订的相关物流服务标准进行综合打分

C. 确定物流服务水平是否有所变化

D. 要根据市场情况不断地更新完善服务内容和标准

E. 适应市场发展的需要

16. PDCA 质量管理法是由美国质量管理专家戴明博士将其运用到质量管理中，策划阶段（P 阶段），该阶段包括的步骤有（　　）。

A. 分析现状，找出问题　　B. 找出问题发生的原因

C. 找出问题发生的最主要原因　　D. 制订措施计划

E. 按计划实施

17. PDCA 质量管理法是由美国质量管理专家戴明博士将其运用到质量管理中，处置阶段（A 阶段），该阶段包括的步骤有（　　）。

A. 分析现状，找出问题　　B. 找出问题发生的原因

C. 找出问题发生的最主要原因　　D. 总结经验，巩固成绩，将工作结果标准化

E. 提出遗留问题并处理

18. 6 西格玛质量管理核心思想是（　　）。

A. 以 6δ 值为目标　　B. 增强顾客满意度

C. 使经营资源的消费控制到最小限度下　　D. 使用统计手段

E. 改善日常的作业流程

19. 物流客户信息管理的作用中，有效整合客户的关键信息包括（　　）。

A. 客户档案管理　　B. 联络记录管理

C. 客户名称、所属行业、地址等基本信息　D. 将客户按不同标准分类

E. 每次与客户联系的时间、方式、情况、结果

20. 物流客户信息管理的作用中，为客户提供个性化服务，实现定制的个性化服务的步骤为（　　）。

A. 客户通过浏览网页了解感兴趣的产品　B. 提出服务请求

C. 查阅产品常见问题的答案　　D. 在线订购所需服务并检查服务状况

E. 查看和支付账单

21. 物流客户信息管理的作用中，为提高售前工作的效率和质量应做的事情有（　　）。

A. 对有关物流基础方案的信息及销售、库存等情况进行查询、分析

B. 使营销人员能够对市场营销活动有效的加以计划、执行、监视和分析

C. 根据客户需求设计和分发宣传品

D. 对有购买意向的客户跟踪、分配和管理

E. 查看和支付账单

22. 良好的物流服务技巧可以弥补规章制度带来的缺陷，在面对客户投诉时，物流企业应（　　）。

A. 要耐心倾听客户投诉的内容，并做好投诉记录

B. 待客户叙述完毕后，复述客户投诉的内容

C. 在倾听客户投诉时，不要随意打断客户说话

D. 不要对客户的投诉表示不满甚至极力辩解

E. 不管有没有提出解决办法，都要给客户答复

23. 在做出客户投诉解决方案时，应当做到（　　）。

A. 要明确公司是否有此类处理投诉的办法和规定

B. 要掌握客户投诉问题的重点，分析投诉事件的严重性

C. 如果造成损失，客户希望解决的办法是什么

D. 在处理客户投诉时，不能做出超出自身解决范围之外的方案

E. 对于自己当时无法答复客户的，要尽快向上级领导汇报相关情况

24. 物流服务质量体系中，在处理完客户投诉之后，要做好投诉处理总结工作包括（　　）。

A. 要明确公司是否有此类处理投诉的办法和规定

B. 要掌握客户投诉问题的重点，分析投诉事件的严重性

C. 做好客户投诉记录

D. 在处理客户投诉时，不能做出超出自身解决范围之外的方案

E. 与相关责任人沟通，确保今后类似事故不再发生

25. 物流服务质量体系中，做好客户投诉记录，客户投诉记录包括（　　）。

A. 客户投诉登记表　　　　B. 客户投诉调查表

C. 客户投诉处理表　　　　D. 每月、每季度或每年的客户投诉分析统计表

E. 物流服务评分表

四、情景问答题

1.《三字经》上说，“人之初，性本善”。理解了这句话的人是很容易来处理投诉这类的事情的。每个客户看似不讲道理，然而从根本上说他是理智的、讲道理的。各种处理方法因人而议，因事而议。请你回答在一般情况下，物流企业在服务中客户投诉处理的流程如何？

2. 百岁物流为德尔福提供汽车零部件物流服务，该项目是一个典型的汽车零部件物流项目。主要的物流服务集中在入厂配送物流。目前百岁物流全权负责德尔福所有成品下线后的物流环节，涉及下线后短驳运输、CDC 管理、产品包装加工、订单处理、整车厂配送、工位器具周转、维修、管理等。目前，百岁物流已经成功为德尔福进行工位器具的周转管理，根据德尔福工厂每日的生产计划，将回收后验收合格的工位器具运输至生产线。双方高度信任的协作，百岁物流人性化的管理使得德尔福汽车空调专注于自己的销售和生产。同时，鉴于德尔福汽车空调在行业里的品牌效应，无形中扩大了百岁物流在汽车零部件行业的影响力。根据上述内容，请你回答物流服务的重要意义。

五、论述题

1. 6 西格玛质量管理就是以 6δ 值为目标，在增强顾客满意度，使经营资源的消费控制到最小限度下，使用统计手段，改善日常的作业流程，提升企业经营效益的有效管理方法。请你回答 6 西格玛质量管理 5 阶段主要工作及意义。

2. 物流服务质量管理是指通过对物流服务质量进行管控达到提升物流服务质量的一系列活动总和。请回答，物流服务质量管理的流程。

3. PDCA 循环是质量管理的工作方法，也是做一般事情的规律。开展某项工作，事先必须进行策划，然后实施计划，再将实施的结果与计划目标进行检查比较，找出问题，最后根据检查的结果，把成功的经验加进来，将找出的问题作为下一个 PDCA 的处理目标，直至解决问题，因此，在应用 PDCA 进行质量管理时，一般又将该方法划分为“四个阶段、八个步骤”。试分析 PDCA 循环的“四个阶段、八个步骤”。

单元1
物流企业
管理概述

单元2
物流服务
类型

单元3
物流项目
开发

单元4
物流网络
选址

单元5
车辆管理

单元6
物流服务
管理

单元7
物流企业
财务管理

单元8
物流信息化

单元9
物流标准与
法律法规

单元 7　物流企业财务管理

本单元学习目标

1. 掌握衡量物流企业财务优劣的指标有哪些；
2. 掌握各个物流企业财务指标的意义；
3. 掌握物流成本的分类；
4. 掌握物流成本如何核算；
5. 掌握物流企业的收入如何计算；
6. 掌握物流企业的所得税如何计算；
7. 掌握物流企业的利润如何计算。

一、判断题（本类题型所包含的每道小题都只有正确或错误的一种答案，你认为正确的请在答题卡对应的题号上涂 A，错误的涂 B。）

1. 物流成本指物流活动中所消耗的物化劳动和活劳动的货币表现。（　　）

2. 产品在物流活动过程中所耗费的人力、物力和财力的总和、资金占用成本、物品损耗成本和保险即为物流成本。（　　）

3. 企业在进行物流成本计算时，首先要明确物流成本计算的内容。（　　）

4. 物流成本的计算对象可以从成本项目类别、方法类别和形态类别三个方面进行计算。（　　）

5. 成本项目类别物流成本指以物流成本项目作为物流成本计算对象，具体包括物流功能成本和存货相关成本。（　　）

6. 保险和税收成本是指一定时期内，企业支付的与存货相关的财产保险费以及因购进和销售物品应交纳的税金支出。（　　）

7. 形态类别物流成本指以物流活动的范围作为物流成本计算对象，具体包括供应物流、企业内物流、销售物流、回收物流和废弃物流等不同阶段所发生的各项成本支出。（　　）

8. 范围类别物流成本指以物流成本的支付形态作为物流成本计算对象。具体包括委托物流成本和企业内部物流成本。（　　）

9. 传统成本核算法是一种通过对所有作业活动进行追踪动态反映，计量作业和成本对象的成本，评价作业业绩和资源的利用情况的成本计算和管理方法。（　　）

10. 传统成本核算法对直接费用的核算较为明确，对于间接费用的核算采用分配的方式进行，具有较大的随意性。（　　）

11. 作业成本核算法计算首先要确定作业内容。（　　）

12. 收入是企业在销售商品、提供劳务及让渡资产使用权等日常活动中形成的经济利益总流入，包括主营业务收入和其他业务收入。（　　）

13. 其他业务收入是企业收入的主要构成部分，是形成利润的主要来源。（　　）

14. 企业所得税的计算应分为两步进行，即首先计算纳税所得额，然后根据纳税所得额乘以规定的所得税率计算应纳所得税。(　　)

15. 利润是企业在一定时期内实现的用货币表现的全部经营活动获得的最终成果，也称为财务成果，是企业一定时期实现的各项收入的总和与发生的各项费用及支出的总和之间的差额。(　　)

16. 现代物流企业财务分析和评价的依据主要是企业的会计核算资料和财务报告，并以会计核算资料为主。(　　)

17. 利润表是计算投资利润率和投资利税率的基础和依据。(　　)

18. 运输成本是指一定时期内，企业为完成货物运输业务而发生的全部费用，包括从事货物运输业务的人员费用、车辆（包括其他运输工具）的燃料费、折旧费、维修保养费、租赁费、养路费、过路费、年检费、事故损失费、相关税金等。(　　)

19. 流通加工成本是指一定时期内，企业为完成货物储存业务而发生的全部费用，包括仓储业务人员费用，仓储设施的折旧费、维修保养费、水电费、燃料与动力消耗等。(　　)

20. 包装成本是指一定时期内，企业为完成货物包装业务而发生的全部费用，包括包装业务人员费用，包装材料消耗，包装设施折旧费、维修保养费，包装技术设计、实施费用以及包装标记的设计、印刷等辅助费用。(　　)

21. 装卸搬运成本是指一定时期内，企业为完成装卸搬运业务而发生的全部费用，包括装卸搬运业务人员费用，装卸搬运设施折旧费、维修保养费、燃料与动力消耗等。(　　)

22. 仓储成本是指一定时期内，企业为完成货物流通加工业务而发生的全部费用，包括流通加工业务人员费用，流通加工材料消耗，加工设施折旧费、维修保养费，燃料与动力消耗费等。(　　)

23. 物流信息成本是指一定时期内，企业为采集、传输、处理物流信息而发生的全部费用，指与订货处理、储存管理、客户服务有关的费用，具体包括物流信息人员费用，软硬件折旧费、维护保养费、通信费等。(　　)

24. 资金占用成本是指一定时期内，企业物流管理部门及物流作业现场所发生的管理费用，具体包括管理人员费用，差旅费、办公费、会议费等。(　　)

25. 物流管理成本是指一定时期内，企业在物流活动过程中负债融资所发生的利息支出（显性成本）和占用内部资金所发生的机会成本（隐性成本）。(　　)

26. 物品损耗成本是指一定时期内，企业在物流活动过程中所发生的物品跌价、损耗、

毁损、盘亏等损失。(　　)

27. 保险成本是指一定时期内，企业支付的与存货相关的财产保险费以及因购进和销售物品应交纳的税金支出。(　　)

28. 物流运作成本包括运输成本、仓储成本、包装成本、装卸搬运成本和流通加工成本。(　　)

29. 物流功能成本包括物流运作成本、资金占用成本、物流信息成本和物流管理成本。(　　)

30. 存货相关成本资金占用成本、物品损耗成本、保险和税收成本。(　　)

31. 范围类别物流成本构成包括供应物流成本、企业内物流成本、物流信息成本和销售物流成本。(　　)

32. 物流功能成本包括物流运作成本、资金占用成本、物流信息成本、物流管理成本和物品损耗成本。(　　)

33. 企业内物流成本指经过采购活动，将企业所需原材料（生产资料）从供给者的仓库运回企业仓库为止的物流过程中所发生的物流费用。(　　)

34. 供应物流成本指从原材料进入企业仓库开始，经过出库、制造形成产品以及产品进入成品库，直到产品从成品库出库为止的物流过程中所发生的物流费用。(　　)

35. 销售物流成本指为了进行销售，产品从成品仓库运动开始，经过流通环节的加工制造，直到运输至中间商的仓库或消费者手中的物流活动过程中所发生的物流费用。(　　)

36. 回收物流成本指退货、返修物品和周转使用的包装容器等从需方返回供方的物流活动过程中所发生的物流费用。(　　)

37. 废弃物流成本指将经济活动中失去原有使用价值的物品，根据实际需要进行收集、分类、加工、包装、搬运、储存等，并分送到专门处理场所的物流活动过程中所发生的物流费用。(　　)

38. 企业内部物流成本包括材料费、人工费、维护费、委托物流成本、一般经费和特别经费。(　　)

39. 材料费是指资材费、工具费、器具费等。(　　)

40. 人工费是指工资、福利、奖金、津贴、补贴、住房公积金等。(　　)

41. 一般经费包括土地、建筑物及各类物流设施设备的折旧费、维护维修费、租赁费、保险费、税金、燃料与动力消耗费等。(　　)

42. 维护费包含办公费、差旅费、会议费、通信费、水电费、煤气费等。(　　)

43. 委托物流成本是指企业向外部物流机构所支付的各项费用。(　　)

44. 计算作业成本，首先要计算作业分配系数：作业分配系数=作业成本÷作业量。(　　)

45. 仓储收入是指物流企业通过运输获得获得的收入，在物流企业中，运输在其经营业务中占有主导地位。(　　)

46. 运输收入是指物流企业通过为客户提供仓储服务获得的收入，这里仓储收入的计算包括货物在仓库内的保管、装卸搬运等基本的仓储管理活动，流通加工活动单独计算。(　　)

47. 流通加工收入是指物流企业按照客户要求对货物进行基本的加工产生的收入，如常见的出口商品贴英文商标、标签，礼品包装，分装小包装等。(　　)

48. 其他增值物流收入是指物流企业获得的主营业务收入除了仓储收入、运输收入和流通加工收入之外，还应包括物流企业按照客户要求获得的其他增值业务收入，如加急费、超远距离配送费等，这类收入可以计算在其他增值物流收入之内。(　　)

49. 其他业务收入是指物流企业主营经营收入之外的收入，这里统一计算在其他业务收入范围内。(　　)

50. 净利润是企业当期利润总额减去所得税以后的余额，即企业的税后利润，所得税是指企业应计入当期损益的所得税费用。(　　)

51. 现代物流企业财务分析和评价的依据主要是企业的会计核算资料和财务报告，并以核算资料为主。(　　)

52. 财务报表反映现在的经营成果和财务状况。(　　)

53. 长期投资是指不准备随时变现、持有时间在一年以上的有价证券，以及超过一年的长期投资。包括长期股权投资、长期债权投资等。(　　)

54. 固定资产包括固定资产原价、累计折旧、固定资产净值、固定资产减值准备、工程物资、在建工程、固定资产清理等。(　　)

55. 流动负债是指偿还期在一年以上或者超过一年的一个营业周期以上的债务。包括长期借款、应付债券、长期应付款等。(　　)

56. 资本公积是指企业的资本溢价，以及由于接受捐赠、法定财产重估增值等原因而增加的所有者权益。资本公积与实收资本一样不能用于盈余分配，但可按规定转增实收资本。(　　)

57. 盈余公积是指企业自创立以来各期的税后利润中，按规定提留给企业的累积

余额。(　　)

58. 投资活动是指企业长期资产的购建和不包括在现金等价物范围内的投资及其处置活动。(　　)

59. 利润表是计算投资利润率和投资利税率的基础和依据。利润表是以“利润 = 收入 - 费用”为根据编制，反映物流企业在一定经营期间内物流活动经营成果的财务报表。(　　)

二、单选题（本类题型所包括的每道小题只有一个正确答案，请在给出的选项中选出正确答案。）

1. 物流活动中所消耗的物化劳动和活劳动的货币表现是（　　）。

A. 物流价值　　B. 物流价格　　C. 物流成本　　D. 物流资本

2. 产品在物流活动过程中所耗费的以及与存货有关的物流成本不包括（　　）。

A. 资金占用成本　　B. 流动资金　　C. 物品损耗成本　　D. 税收成本

3. 企业在进行物流成本计算时，首先要明确物流成本计算的内容是（　　）。

A. 物流成本计算的内容　　B. 物流成本计算的方法

C. 物流成本计算的程序　　D. 物流成本计算结构的评价

4. 物流成本的计算对象不可以进行计算的是（　　）。

A. 成本项目类别　　B. 范围类别　　C. 形态类别　　D. 方法类别

5. 存货相关成本指企业在物流活动过程中所发生的与存货有关的成本，其中不包括（　　）。

A. 运营成本　　B. 资金占用成本

C. 物品损耗成本　　D. 保险和税收成本

6. 指以物流成本项目作为物流成本计算对象，具体包括物流功能成本和存货相关成本是(　　)。

A. 形态类别物流成本　　B. 成本项目类别物流成本

C. 范围类别物流成本　　D. 方法类别物流成本

7. 以物流活动的范围作为物流成本计算对象，具体包括供应物流、企业内物流、销售物流、回收物流和废弃物流等不同阶段所发生的各项成本支出是（　　）。

A. 形态类别物流成本　　B. 成本项目类别物流成本

C. 范围类别物流成本　　D. 方法类别物流成本

8. 以物流成本的支付形态作为物流成本计算对象。具体包括委托物流成本和企业内部物流成本是（　　）。

A. 形态类别物流成本　　B. 成本项目类别物流成本

C. 范围类别物流成本　　D. 方法类别物流成本

9. 通过对所有作业活动进行追踪动态反映，计量作业和成本对象的成本，评价作业业绩和资源的利用情况的成本计算和管理方法是（　　）。

A. 传统成本法　　B. 作业成本法　　C. 现代成本法　　D. 作业活动成本法

10. 传统成本核算法对直接费用的核算较为明确，对于间接费用的核算采用分配的方式进行，具有较大的随意性的方法是（　　）。

A. 现代成本法　　B. 作业成本法　　C. 传统成本法　　D. 作业活动成本法

11. 作业成本核算法计算首先要确定（　　）。

A. 确定作业内容　　B. 确定资源成本库　　C. 确定作业动因　　D. 计算作业成本

12. 狭义的收入是指（　　）。

A. 营业外收入　　B. 外汇收益　　C. 投资收益　　D. 营业收入益

13. 企业收入的主要构成部分，是形成利润的主要来源是指（　　）。

A. 营业外收入　　B. 主营业务收入　　C. 投资收益　　D. 营业收入益

14. 企业在一定时期内实现的用货币表现的全部经营活动获得的最终成果，也称为财务成果，是企业一定时期实现的各项收入的总和与发生的各项费用及支出的总和之间的差额被称为（　　）。

A. 收入　　B. 收益　　C. 利润　　D. 利益

15. 现代物流企业财务分析和评价的依据主要是企业的会计核算资料和财务报告，其中主要是以下列（　　）为主。

A. 会计核算资料　　B. 财务报告　　C. 财务报表　　D. 收支单据

16. 物流功能成本不包括（　　）。

A. 物流运作成本　　B. 资金占用成本　　C. 物流信息成本　　D. 物流管理成本

17. 存货相关成本不包括（　　）。

A. 资金占用成本　　B. 物品损耗成本　　C. 保险和税收成本　　D. 物流管理成本

18. 范围类别物流成本构成不包括（　　）。

A. 供应物流成本　　B. 企业内物流成本　　C. 物流信息成本　　D. 销售物流成本

19. 范围类别物流成本指以物流活动的范围作为物流成本计算对象，不同阶段所发生的各项成本支出，其过程具体不包括（　　）。

A. 供应物流　　B. 资金占用成本　　C. 销售物流　　D. 回收物流

20. 范围类别物流成本指以物流活动的范围作为物流成本计算对象，不同阶段所发生的各项成本支出，其过程具体不包括（　　）。

A. 物流运作成本　　B. 销售物流　　C. 回收物流　　D. 废弃物流

21. 企业内部物流成本不包括（　　）。

A. 材料费　　B. 人工费　　C. 维护费　　D. 委托物流成本

22. 企业内部物流成本中的材料费不包括：（　　）。

A. 资材费　　B. 人工费　　C. 工具费　　D. 器具费

23. 企业内部物流成本中的工资、福利、奖金、津贴、补贴、住房公积金等是指（　　）。

A. 资材费　　B. 人工费　　C. 工具费　　D. 器具费

24. 土地、建筑物及各类物流设施设备的折旧费、维护维修费、租赁费、保险费、税金、燃料与动力消耗费等是指（　　）。

A. 材料费　　B. 人工费　　C. 维护费　　D. 委托物流成本

25. 办公费、差旅费、会议费、通信费、水电费、煤气费等属于企业内部物流成本中的(　　)。

A. 材料费　　B. 一般费用　　C. 维护费　　D. 特别费用

26. 企业向外部物流机构所支付的各项费用是指：(　　)。

A. 材料费　　B. 人工费　　C. 维护费　　D. 委托物流成本

27. 物流企业通过运输获得获得的收入，在物流企业中，运输在其经营业务中占有主导地位的收入是指（　　）。

A. 仓储收入　　B. 运输收入　　C. 流通加工收入　　D. 其他增值物流收入

28. 物流企业通过为客户提供仓储服务获得的收入，这里仓储收入的计算包括货物在仓库内的保管、装卸搬运等基本的仓储管理活动，流通加工活动单独计算的收入是指（　　）。

A. 仓储收入　　B. 运输收入　　C. 流通加工收入　　D. 其他增值物流收入

29. 物流企业按照客户要求对货物进行基本的加工产生的收入是指（　　）。

A. 仓储收入　　B. 运输收入　　C. 流通加工收入　　D. 其他增值物流收入

30. 物流企业获得的主营业务收入除了仓储收入、运输收入和流通加工收入之外，还应包括物流企业按照客户要求获得的其他增值业务收入，如加急费、超远距离配送费等，这类收入可以计算在其他增值物流收入之内的收入是指（　　）。

A. 仓储收入　　B. 运输收入　　C. 流通加工收入　　D. 其他增值物流收入

31. 其他业务收入是指物流企业主营经营收入之外的收入，这里统一计算在其他业务收入范围内的收入是指（　　）。

A. 仓储收入　　B. 其他业务收入　　C. 流通加工收入　　D. 其他增值物流收入

三、多选题（本题型所包含的每道小题都有不止一个正确答案，请选出你认为正确的答案，错选和多选者本小题不得分，少选但选项正确的可得到相应的分数。）

1. 物流成本指产品在物流活动过程中所耗费以及与存货有关的（　　）。

A. 资金占用成本　　B. 物品损耗成本　　C. 保险

D. 税收成本　　E. 人力、物力和财力的总和

2. 物流成本的计算对象可以从下列哪方面进行计算（　　）。

A. 成本项目类别　　B. 层次类别　　C. 形态类别

D. 方法类别　　E. 范围类别

3. 成本项目类别物流成本指以物流成本项目作为物流成本计算对象，具体包括（　　）。

A. 物流价值成本　　B. 货物配总成本　　C. 物流功能成本

D. 存货相关成本　　E. 物流设备成本

4. 物流功能成本指在下列哪些过程中所发生的物流成本（　　）。

A. 包装、运输、仓储　　B. 装卸搬运　　C. 流通加工

D. 物流信息　　E. 物流管理

5. 存货相关成本指企业在物流活动过程中所发生的与存货有关的（　　）。

A. 运营成本　　B. 资金占用成本　　C. 物品损耗成本

D. 保险　　E. 税收成本

6. 范围类别物流成本指以物流活动的范围作为物流成本计算对象，不同阶段所发生的各项成本支出，其过程具体包括（　　）。

A. 供应物流　　B. 企业内物流　　C. 销售物流

D. 回收物流　　E. 废弃物流

7. 形态类别物流成本中的企业内部物流成本其支付形态具体包括（　　）。

A. 材料费　　B. 人工费　　C. 维护费

D. 一般经费　　E. 特别经费

8. 企业的物流企业成本核算包括（　　）。

A. 传统成本法　　B. 物流成本法　　C. 现代成本法

D. 作业活动成本法　　E. 作业成本法

9. 作业成本核算法的诞生就是基于传统成本核算对间接费用分配问题的深入思考，其基本思想是（　　）。

A. 通过物流资源动因将物流资源分配到各个物流作业，形成作业成本库

B. 建立物流作业与物流成本对象之间的因果联系

C. 把物流作业成本库中的成本分配到成本对象

D. 计算出成本对象的总成本和单位成本

E. 将此成本和目标成本进行比较，从而实施物流成本的控制

10. 作业成本核算法计算步骤包括（　　）。

A. 确定作业内容　　B. 确定资源成本库　　C. 确定作业动因

D. 计算作业成本　　E. 数据分析

11. 广义的收入包括（　　）。

A. 营业收入　　B. 外汇收益　　C. 投资收益

D. 其他收益　　E. 营业外收入

12. 我国《企业会计制度》中对收入采用了狭义的定义收入包括（　　）。

A. 营业收入　　B. 外汇收益　　C. 主营业务收入

D. 其他业务收入　　E. 营业外收入

13. 主营业务收入主要包括（　　）。

A. 配送收入　　B. 运输收入　　C. 仓储收入

D. 流通加工收入　　E. 其他增值物流收入

14. 企业所得税的计算应分为两步进行，即首先（　　），然后根据纳税所得额乘以规定的所得税率。

A. 计算纳税所得额　　B. 计算所得税率　　C. 计算应纳所得税

D. 计算主营业务收入　　E. 计算其他业务收入

15. 根据《企业会计准则》的有关规定，企业的利润一般包括（　　）。

A. 营业利润　　B. 投资收益　　C. 营业外收支净额

D. 补贴收入　　E. 运输收入

16. 利润表根据收入和费用在表中不同的列示方法，可分为（　　）。

A. 两步式　　B. 一体式　　C. 多步式　　D. 单步式　　E. 三步式

17. 按照现金流量发生的原因，可以分为以下几个方面（　　）。

A. 经营活动产生的现金流量　　B. 生产活动产生的现金流量

C. 投资活动产生的现金流量　　D. 物流活动产生的现金流量

E. 筹资活动产生的现金流量

18. 物流运作成本包括（　　）。

A. 运输成本　　B. 仓储成本　　C. 包装成本

D. 装卸搬运成本　　E. 流通加工成本

19. 物流功能成本包括（　　）。

A. 物流运作成本　　B. 资金占用成本　　C. 物流信息成本

D. 物流管理成本　　E. 物品损耗成本

20. 范围类别物流成本构成包括（　　）。

A. 供应物流成本　　B. 企业内物流成本　　C. 回收物流成本

D. 销售物流成本　　E. 废弃物流成本

21. 范围类别物流成本指以物流活动的范围作为物流成本计算对象，不同阶段所发生的各项成本支出，其过程具体不包括（　　）。

A. 供应物流　　B. 资金占用成本　　C. 销售物流

D. 回收物流　　E. 废弃物流

22. 形态类别物流成本具体包括（　　）。

A. 运营成本　　B. 资金占用成本　　C. 物品损耗成本

D. 企业内部物流成本　　E. 委托物流成本

23. 企业内部物流成本中的材料费包括（　　）。

A. 资材费　　B. 人工费　　C. 工具费　　D. 器具费　　E. 维护费

24. 企业内部物流成本中的人工费包括（　　）。

A. 工资　　B. 福利　　C. 奖金　　D. 津贴　　E. 补贴

25. 形态类别物流成本构成中的企业内部物流成本的维护费包括土地、建筑物及各类物流设施设备的（　　）。

A. 折旧费　　B. 维护维修费　　C. 租赁费

D. 保险费　　E. 税金、燃料与动力消耗费

26. 形态类别物流成本构成中的企业内部物流成本的一般经费包括（　　）。

A. 办公费　　B. 差旅费　　C. 会议费

D. 通信费　　E. 水电费和煤气费

27. 流动资产是指可以在一年内或者超过一年的一个营业周期内变现或运用的资产，它包括（　　）。

A. 货币投资　　B. 短期投资　　C. 应收票据

D. 应收股利　　E. 应收账款

28. 下列属于固定资产的是（　　）。

A. 累计折旧　　B. 固定资产净值　　C. 固定资产减值准备

D. 工程物资　　E. 在建工程、固定资产清理等

29. 长期负债是指偿还期在一年以上或者超过一年的一个营业周期以上的债务，包括(　　)。

A. 长期借款　　B. 应收账款　　C. 应付债券

D. 长期应付款　　E. 应收股利

30. 经营活动是指企业投资活动和筹资活动以外的所有交易和事项，包括（　　）。

A. 商品销售　　B. 提供劳务　　C. 经营性租赁

D. 购买货物　　E. 接受劳务

四、情景问答题

1. 小王想要计算一下某企业的物流成本，但是他不了解若使用作业成本法将是怎样的流程。请您帮他介绍一下该方法，并简要其步骤。

2. 某物流企业主要从事运输、储存、包装、装卸搬运、配送等基本业务。收入是物流企业的一项重要经济指标，收入核算是一项涉及面广而且复杂细微的工作，简述如何核算物流企业的收入。

3. 小李是一家物流企业的经理，请你帮他想一想，企业的利润应如何计算？

4. 要考核一家物流企业的绩效指标，主要应考核什么?

五、论述题

1. 试述作业成本核算法的基本思想，以及相对于传统成本法的优势。
2. 试述物流企业现金流量表的含义和分类。
3. 试述资产负债表项目的分类。
4. 试述作业成本核算法与传统成本核算法的区别。

单元1 物流企业管理概述

单元2 物流服务类型

单元3 物流项目开发

单元4 物流网络选址

单元5 车辆管理

单元6 物流服务管理

单元7 物流企业财务管理

单元8 物流信息化

单元9 物流标准与法律法规

单元8　物流信息化

本单元学习目标

1. 了解物流信息系统的定义和作用；
2. 了解物流信息系统的常见分类；
3. 掌握 WMS 和 TMS 的常见模块；
4. 掌握物流信息系统开发的主要步骤；
5. 了解物流信息系统实施成功的一些关键因素；
6. 了解不同类型物流系统供应商的产品特点；
7. 了解物流信息系统采购的方法、注意事项；
8. 理解系统采购合同注意的事项。

一、判断题（本类题型所包含的每道小题都只有正确或错误的一种答案，你认为正确的请在答题卡对应的题号上涂 A，错误的涂 B。）

1. 所谓物流信息系统是指由人员、设备和程序组成的，为物流管理者执行计划、实施、控制等职能提供信息的交互系统，它与物流作业系统一样都是物流系统的子系统。(　　)

2. WMS 系统和大多数 ERP 的进销存模块不同，前者常用于记录特定对象（如仓库）的商品、单据流动的结果，而 ERP 系统则不仅能够记录流动的结果。(　　)

3. WMS 的合理应用不仅可以提升现场仓储现场作业的准确性和效率，也能够有效地解决困扰企业的库存管理和供应链上下游不确定性的问题。(　　)

4. TMS 即运输管理系统（Transport Manage System）。相对于 WMS 而言，因为运输的业务流程相对复杂，故 TMS 的系统模块也较为复杂。(　　)

5. 某些具备比较强大的 WMS 的物流中心，甚至可以直接在 WMS 上增加一个 TMS 管理模块，而不需要单独开发独立的 TMS 系统，也可以实现对运输的有效信息化管理。(　　)

6. 电子拣货系统（CAPS）是指企业间利用通信网络（VAN 或互联网）和终端设备，以在线连接（Online）的方式进行订货作业和订货信息交换的系统。(　　)

7. 销售时点信息系统（POS）的采用可以节约人工成本和时间成本，降低出错率，能有效掌控销售状况，进而提升物流运作的品质。(　　)

8. 项目实施费用按工时进行计算，其公式为：实施费用 = 投入的人力时间（天） × 单价（元/人 · 天）。(　　)

9. 物流系统的成功开发和实施上线，需要一个项目团队的通力合作，这个团队一般由客户团队、系统开发商、第三方咨询公司组成。(　　)

10. 国外物流软件适合预算较少、单仓的客户，国内物流软件适合预算较高、多仓的客户。(　　)

11. 物流软件的采购常见的有两种模式，其中议标模式的特点为企业以公开招标的方式决定信息系统的供应商。(　　)

12. 物流软件的采购常见的有两种模式，其中招标模式的特点为企业直接找合适的供应商进行议价。(　)

13. 物流信息系统的好坏，关键在于能否满足客户的需求。(　　)

14. 为一个仓库实施 WMS 上线和为全国多个物流中心实施 WMS 上线所开展的工作量和收费是一样的。(　　)

15. 物流软件开发的模块数量和收费紧密管理，在项目合同金额中，软件开发商只需要负责合同中涉及的作业模块和功能。(　　)

16. 物流信息系统是计算机技术、网络技术及相关的关系型数据库、条码技术、EDI 等各种技术工具综合应用的产物。(　　)

17. 很多企业在已配备 ERP 的前提下，进行 WMS 的上线，或者在 ERP 中开发具有 WMS 部分功能的模块。(　　)

18. 在实际应用中，根据各行业各企业物流的特性，可以对一些模块进行调整。(　　)

19. 即使企业不存在返品的作业需求，返品的模块也不能取消。(　　)

20. 企业还可以根据自身需要，增加诸如打印模块和报表模块，具体的要求可以与系统开发商进行协商。(　　)

21. 与 WMS 类似，在企业实际开发选购 TMS 时，不能根据自身需求对这些模块进行调整。(　　)

22. 某些企业需加强对车辆的管控，则可将车辆管理单列出一个模块，对车辆的回车登记、油耗、维修、保险费用等进行细部管理。(　　)

23. 电子自动订货系统（EOS）常常不独立使用，而是结合 WMS 或者 ERP 进行操作。(　　)

24. 利用销售时点信息系统可大幅提升拣货的效率和准确性。(　　)

25. 电子自动订货系统的使用可以在供应链上下游间实现快速订货操作，缩短从接到订单到发出订货的时间，降低订货出错率、节省人工费，最终有利于减少企业库存水平。(　　)

26. 客户现状分析文档一般由系统开发商提供样板，客户进行填写。(　　)

27. 客户不需要和咨询公司紧密合作、充分讨论，确定在信息化条件下客户企业最佳的物流运作模式。(　　)

28. 物流信息系统功能需求的确定，不需要系统供应商的参与来确保这些需求可以开发出来。(　　)

29. 物流信息系统的功能模块越多越好，模块越多系统越复杂越不容易出错。(　　)

30. 物流中心的出货模块，既可以支持先进先出，也可以支持先进后出，也可支持人工指派储位出货。(　　)

31. 国内中小型物流系统供应商，其业务团队和开发团队往往由同一批人组成，供应商服务团队可以直接根据客户的需求进行程序编写。(　　)

32. 物流信息系统发生系统崩溃等严重错误时，系统开发商需在规定的时间内予以回应或到达现场予以解决，当然这些不需要在合同中注明。(　　)

33. 因为客户的状态在不断变化，如因此需调整系统的一些模块功能，系统开发商一般需要配合客户的要求进行修改程序，但可适当收取费用。(　　)

34. 信息化的预算是客户需要考虑的另一个方面，信息化预算估计了客户为信息化所需要付出的资金成本。(　　)

35. 客户需要权衡信息化带给物流作业的效益与投入成本的关系，如果评估的结果是值得操作，则进行系统的上线。(　　)

36. 企业需要配合信息化的上线进行现场必要的改造，配合进行作业培训，库存盘点可能需要停止作业，这些不会带来成本或者风险。(　　)

37. 很多企业会借助信息系统上线的机会对流程进行优化，进而通过系统上线将优化后的流程进行固化。(　　)

38. 如果需求分析不到位，则信息系统支持的是一个有问题的作业流程，即便可以运行，也无法提升效率，甚至有可能因为效率的因素导致系统被迫下线，造成上线失败。(　　)

39. 减少作业人员的强度是比较容易做到的，因为表单作业模式向 RF 等信息设备操作的转变。(　　)

40. 某企业在上系统前拣货作业是每人一个客户订单，按拣货单数进行工资计算，而上系统后进行 CAPS 拣货，每个作业员只负责所有订单的某一些品种的拣货，这时就要调整计费规则，稳定作业员收入。(　　)

41. 由于很多物流中心作业繁忙，合理安排培训时间显得并不重要。(　　)

42. 市场上也有一些 WMS 产品（例如 INFOR 等），本身已经有成熟的 WMS 模块，其在国内的销售委托其他软件公司进行代销，这些软件公司在销售的同时也负责二次开发，按照客户的需求进行模块的调整。(　　)

43. 企业在实际应用中，对于小型的物流系统以走议标模式为多，而对于大型的物流系

统一般走招标流程。( )

44. 由于软件开发的特性，一次招标会议能解决所有问题。( )

45. 客户和应标供应商需进行多次的沟通，在加强供应商对客户需求了解的同时，也增加客户对供应商软件能力的了解。( )

46. 如有需要，客户可制订“点对点应答书”，对客户关心的事项设立问题，由系统供应商逐一进行解答。( )

47. 软件项目提供的产品属于服务产品，其本身的内涵确定性大。( )

48. 市场上的物流系统供应商都擅长物流系统开发。( )

49. 物流系统供应商都具备成熟的第三方物流信息系统模块和适合企业物流的特性。( )

50. 物流软件的采购常见的两种模式中议标模式的优点是实现价格最优化。( )

51. 国内常常因为合同条款设置的不合理，或者客户与供应商理解的不一致，给双方后续的合作带来困扰。( )

52. 系统开发商为了减少工作量，规避可能的风险，常常会为系统配置尽可能简单的作业流程和业务策略，由此简单的系统能有效支持客户复杂的作业。( )

53. 物流信息系统哪个系统的需求需要在合同上清晰地表达，不可轻信系统供应商业务员的口头承诺。( )

54. 某些系统供应商，尤其强调系统使用的人数，其收费是与系统使用人数不成比例的。( )

55. 在系统开发过程中，客户突然最初设置的模块或者功能有所欠缺，需要调整模块或者增加功能，而此时系统供应商可能已经开发完毕，系统供应商认为再进行修改需收费而客户难以接受。( )

56. 客户和系统供应商都希望在预期的项目阶段内完成系统的开发和实施，而由于种种的原因，例如初次上线的不顺利等，进度也不能推迟。( )

57. 如果系统供应商未在规定的时间内完成程序的开发和测试则应向客户进行一定的经济补偿或者合同扣款。( )

58. 客户可选择委托招标代理机构负责招标工作，并由其出售招标文件，如果客户对物流软件供应市场较为熟悉，也可由客户自己负责招标的操作。( )

59. 在物流信息系统上线前，作业人员不需要掌握操作的方法，只需要上线后能熟练地使用。( )

60. 物流信息系统的应用可以使物流活动中作业员的劳动强度大幅降低、作业错误发生率减少，信息流转加速，使物流管理发生了革命性的变化。(　　)

二、单选题（本类题型所包括的每道小题只有一个正确答案，请在给出的选项中选出正确答案。）

1. 整个仓库管理系统（WMS）的核心是（　　）。

A. 系统服务模块　B. 核心业务流程模块　C. 数据通信模块　D. 资料模块

2. 运输管理系统的模块也可分为3类，第一类为业务作业及管理模块，包括运输作业模块和财务管理模块，用于（　　）。

A. 对运输作业的流程进行控管并具备相关的统计报表功能和财务功能

B. 对客户、车辆、人员等信息的建立和维护

C. 对操作权限的设置和数据的备份等

D. 对系统进行维护

3. 物流信息系统的开发实施分5个阶段，第2~3期是（　　）。

A. 需求分析及设计阶段　B. 程序的开发和测试阶段

C. 系统的上线　D. 相关技术的转化

4. 物流信息系统的开发实施的第5个阶段是相关技术的转化，主要取决于（　　）。

A. 项目各方成员的参与　B. 其他各方辅助

C. 客户方现场的支持　D. 系统开发商和客户间的协同

5. 物流信息系统的选购不是简单的挑选某个产品来用的问题，而是各方合作共同开发的产物。物流信息系统的选购首要的问题是（　　）。

A. 资金　B. 节省选购时间

C. 挑选合适的物流系统供应商　D. 挑选软件

6. 属于国内物流软件的优势的是（　　）。

A. 文件化能力强　B. 系统升级容易

C. 上线后维护能力弱　D. 价位低

7. 信息系统的选型主要需考虑的方面有系统供应商的实力、信息系统的能力和（　　）。

A. 价格的高低　B. 使用年限　C. 供应商的形象　D. 售后服务

8. 对于信息系统评估部分，应重点考量（　　）。

A. 不同档次的信息系统　　B. 物流管理模式支持和系统操作的便利性

C. 案例的效果和人员的素质　　D. 价格

9. 物流软件两种采购模式中，议标的优点是（　　）。

A. 操作简便、节省时间　　B. 公开公平公正

C. 容易被供应商的广告词蒙蔽　　D. 难以实现价格最优化

10. 物流软件两种采购模式中，招标的缺点是（　　）。

A. 操作成本低　　B. 公开公平公正

C. 能够找到性价比更优的供应商　　D. 时间周期长

11. 物流信息系统可以分为物流作业管理系统、物流协调控制系统、物流决策支持系统，这种分类标准是（　　）。

A. 管理决策层次　B. 应用对象分类　C. 系统采用技术　D. 系统架构

12. 物流信息系统可以分为单机系统、内部网络系统、外部互联的系统，这种分类标准是（　　）。

A. 管理决策层次　B. 应用对象分类　C. 系统采用技术　D. 系统架构

13. 物流信息系统可以分为集中型信息系统、分散型信息系统，这种分类标准是（　　）。

A. 管理决策层次　B. 应用对象分类　C. 系统采用技术　D. 系统架构

14. WMS 的全称是（　　）。

A. 仓储管理系统　　B. 电子拣货系统

C. 电子自动订货系统　　D. 销售时点信息系统

15. TMS 的全称是（　　）。

A. 仓储管理系统　　B. 运输管理系统

C. 电子拣货系统　　D. 电子自动订货系统

16. 管理人员对物流过程进行分析，有效地改善和提升运作的水平时可以利用的系统是(　　)。

A. 电子自动订货系统　　B. 电子拣货系统

C. 仓储管理系统　　D. 销售时点信息系统

17. 一个典型的 WMS 的功能模块可以分为 3 大类，第二类为资料模块，主要进行定义和修改的对象是（　　）。

A. 存货数据　　B. 基础资料　　C. 入库资料　　D. 储位数据

18. WMS 功能模块的第三类为系统服务模块和数据通信模块，负责对系统操作权限的设定、数据备份和（　　）。

A. 入库管理　　B. 储位管理　　C. 返品管理　　D. 资料传输

19. WMS 的功能模块中，管理着从入库到存储到出货直至最终返品回库的整个货品的流动的是（　　）。

A. 业务流程模块　　B. 系统服务模块　　C. 数据通信模块　　D. 资料模块

20. 在仓库管理系统中，系统服务包括操作员权限设置、操作员密码设置和（　　）。

A. 订单处理　　B. 报损处理　　C. 储位管理　　D. 数据备份

21. 下列属于数据通信的是（　　）。

A. 订单处理　　B. 验收入库　　C. RF 数据传输　　D. 数据备份

22. 一般使用在出货作业比较复杂的物流中心，引导拣货工人正确、快速、轻松地完成拣货工作的物流信息系统是（　　）。

A. 仓库管理系统　　B. 电子拣货系统

C. 电子自动订货系统　　D. 销售时点信息系统

23. 物流信息系统的开发的第 3 期系统测试的主要成果包括测试文档和（　　）。

A. 功能流程设计　　B. 细部流程设计　　C. 工程说明书　　D. 培训文档

24. 物流信息系统的开发的第 4 期上线实施的主要成果是（　　）。

A. 时程计划　　B. 功能流程确认书

C. 用户反馈意见表　　D. 客户验收报告

25. 物流信息系统开发的最后一个阶段是（　　）。

A. 需求分析及设计　　B. 转至客户支持　　C. 系统测试　　D. 上线实施

26. 在进行信息化开发前，客户首先需要明白信息化的（　　）。

A. 方法　　B. 结果　　C. 目的　　D. 流程

27. 负责物流信息系统的开发环节的是（　　）。

A. 客户　　B. 第三方物流公司　　C. 系统供应商负责　　D. 企业研发部门

28. 系统的测试环节，主要由系统供应商负责，但是客户也需要参与其中。客户的角色主要是（　　）。

A. 记录　　B. 提供模拟的数据　　C. 集成测试　　D. 压力测试

29. 仓库管理系统 WMS 的上线，一般选择在出库销售的（　　）。

A. 旺季　　B. 淡季　　C. 上游　　D. 下游

30. 利用成熟物流软件的核心模块的版权使用费用，如果信息系统是完全从零开始量身定做的，则这个费用不存在，这个费用是指（　　）。

A. 投入费用　B. 软件许可费用　C. 项目实施费用　D. 硬件配置费用

31. 硬件配置费用和软件许可费用、项目实施费用最大的区别在于（　　）。

A. 软件开发商，将这笔费用包含在其他费用中而不将其单列

B. 按照开发、测试、上线实施等分成时间阶段，按阶段进行收费

C. 客户可以不必支付给系统开发商，可以让后者提供设备选择的标准自行采购，当然也可以将这些工作全部委托后者进行

D. 按照功能模块进行收费，然后将所开发的模块所需费用进行加总得出总值

32. 物流系统的成功开发和实施团队一般由客户团队、系统开发商、第三方咨询公司组成，第三方咨询公司的作用是（　　）。

A. 能够明确地传达现场需求并做好相关支持工作

B. 在上线对企业其他部门产生影响，或者需要资源支持时起到决策作用

C. 客户和系统开发商沟通的桥梁，将客户的需求明确地分析和表达出来，并对两者产生的一些分歧进行仲裁，从而保证项目顺利推进

D. 系统开发、测试、实施，是系统上线的最主要责任方

33. 物流流程的顺畅运转的前提是（　　）。

A. 物流体系的整体的科学规划　　B. 需求分析

C. 充分考虑信息化作业对人力的影响　　D. 对企业管理制度的调整

34. 物流信息系统招标过程的关键是（　　）。

A. 发布招标公告　　B. 编写评标报告

C. 开标和评标　　D. 出售招标文件

35. 物流系统开发商的成本也主要取决于（　　）。

A. 客户的需求　　B. 开发的模块数量和难易程度

C. 软件项目合同　　D. 合同条款

36. 物流项目软件进行时，如果客户方不能提供足够的资源或提供错误的资料，则客户应给予一定的经济补偿的对象是（　　）。

A. 企业员工　　B. 第三方物流咨询公司　　C. 项目经理　　D. 系统供应商

37. 系统覆盖的物流系统边界和操作的人数等问题是指（　　）。

A. 项目实施的范围　　B. 系统的需求

C. 系统供应商收费范围　　D. 项目进度与双方责任

38. 对于一些作业繁忙的物流中心，新的系统模式需要在很短的时间内，达到甚至超过原先作业模式的效率，否则就会因为发货太慢而上线失败的时间一般最多（　　）。

A. 1 ~2 天　　B. 5 ~6 天　　C. 10 ~15 天　　D. 16 ~30 天

39. 物流系统信息化的预算要考虑硬件配置费用，它常需要包括硬件附带软件的费用和一定阶段，一般的维护费用涉及的时间是（　　）。

A. 1 ~6 个月　　B. 6 ~12 个月　　C. 1 ~2 年　　D. 3 ~4 年

40. 物流信息系统的上线需现场作业停止作业一段时间进行静态盘点，所以影响很大，应尽量将负面的影响降低到最低限度，尤为重要的是选择（　　）。

A. 系统供应商　　B. 物流软件

C. 合适的上线时机　　D. 物流中心

三、多选题（本题型所包含的每道小题都有不止一个正确答案，请选出你认为正确的答案，错选和多选者本小题不得分，少选但选项正确的可得到相应的分数。）

1. 按照系统所服务物流范围物流信息系统可以分为（　　）。

A. 仓储管理系统（WMS）　　B. 运输管理系统（TMS）

C. 电子拣货系统（CAPS）　　D. 电子自动订货系统（EOS）

E. 销售时点信息系统（POS）

2. TMS 的模块也可分为 3 类，第一类为业务作业及管理模块，包括（　　）。

A. 基本信息模块　　B. 系统管理模块　　C. 运输作业模块

D. 财务管理模块　　E. 数据

3. 根据出货特性的不同，电子拣货系统（CAPS）可主要分为（　　）。

A. 电子自动订货系统（EOS）

B. 销售时点信息系统（POS）

C. DPS（摘取式：Digital Picking System）

D. DAS（播种式：Digital Assorting System）

E. 在线连接（Online）

4. 信息化的预算一般包括（ ）。

A. 软件许可费用　　B. 项目实施费用　　C. 硬件配置费用

D. 开发费　　E. 成本费

5. 物流信息系统的实施是否成功，主要标志是系统能否按预期导入上线，上线能够成功主要取决于（ ）。

A. 企业需要上物流信息系统的阶段　　B. 配置合理的实施团队

C. 充分考虑信息化作业对人力的影响　　D. 物流系统的合理规划设计

E. 严格做好需求分析

6. 在物流信息系统开发过程中，系统供应商和咨询公司一般会驻点在客户进行阶段性的工作，客户需提供完备的后勤保障，包括（ ）。

A. 足够的办公空间、电脑硬件和软件、网络接入、必要的办公设备

B. 客户需提供可靠协助，使系统开发员不受任何限制地进入客户指定的测试环境

C. 客户也需应委派合适的技术人员和用户参与

D. 客户需负责为系统的开发实施准备文档/设备

E. 培训时间

7. 一般可将物流信息系统的供应商分为（ ）。

A. 国内物流软件　　B. 第三方物流　　C. 国际物流软件

D. WMS 产品　　E. 运输系统

8. 国际物流软件的优势有（ ）。

A. 实施力强　　B. 重视文件化　　C. 智能化高

D. 可扩展性　　E. 培训能力强

9. 物流软件的采购常见的有两种模式，包括（ ）。

A. 议标模式　　B. 招标模式　　C. 直采模式

D. 评价模式　　E. 稳定模式

10. 软件项目合同的签订，尤其需要注意的是（ ）。

A. 项目进度与双方责任　　B. 系统的需求　　C. 项目实施的范围

D. 系统供应商收费范围　　E. 价格

11. 按应用对象，物流信息系统可以分为（ ）。

A. 物流协调控制系统　　B. 物流决策支持系统

C. 制造企业的物流管理信息系统　　D. 面向分销商的物流管理信息系统

E. 面向专业物流企业的物流管理信息系统

12. 典型的 WMS 的功能模块包括（　　）。

A. 业务流程模块　　B. 系统服务模块　　C. 资料模块

D. 数据通信模块　　E. 资料传输

13. 按管理决策层次进行分类，物流信息系统可以分为（　　）。

A. 物流作业管理系统　　B. 物流协调控制系统　　C. 物流决策支持系统

D. 单机系统　　E. 内部网络系统

14. 按系统采用技术，物流信息系统可以分为（　　）。

A. 物流作业管理系统　　B. 物流协调控制系统　　C. 单机系统

D. 内部网络系统　　E. 外部互联的系统

15. 按系统架构进行分类，物流信息系统可以分为（　　）。

A. 集中型信息系统　　B. 分散型信息系统　　C. 系统采用技术

D. 物流协调控制系统　　E. 外部互联的系统

16. 一个典型的 WMS 的功能模块可以分为 3 大类，第一类为业务流程模块，包括（　　）。

A. 入库管理　　B. 储位管理　　C. 存货管理

D. 出库管理　　E. 返品管理

17. 在仓库管理系统中，入库管理包括（　　）。

A. 验收入库　　B. 入库上架　　C. 入库查询

D. 移库处理　　E. 移库查询

18. 在仓库管理系统中，储位管理包括（　　）。

A. 验收入库　　B. 储位管理　　C. 储位计划

D. 移库处理　　E. 移库查询

19. 在仓库管理系统中，存货管理包括（　　）。

A. 盘点表　　B. 盘点差异处理　　C. 货品库存查询

D. 良品进出存查询　　E. 不良品进出存查询

20. 在仓库管理系统中，出货管理包括（　　）。

A. 订单处理　　B. 拣货处理　　C. 拣货计划

D. 门店回单处理　　E. 盘点差异处理

21. 在仓库管理系统中，返品管理包括（　　）。

A. 退货处理　　B. 报损处理　　C. 退货查询

D. 退货供应商处理　　E. 退货供应商查询

22. 在仓库管理系统中，基本资料包括（　　）。

A. 供应商信息　　B. 商品信息　　C. 门店信息

D. 批发客户信息　　E. 物流人员信息

23. 物流信息系统的开发的第 1 期需求分析及设计的主要成果包括（　　）。

A. 项目合同　　B. 客户现状分析　　C. 工程说明书

D. 时程计划　　E. 测试

24. 物流信息系统的开发的第 2 期系统配置开发的重点工作包括（　　）。

A. 程序开发　　B. 项目启动会议　　C. 系统配置

D. 主要用户培训　　E. 功能流程设计

25. 物流信息系统的开发的第 2 期系统配置开发的主要成果包括（　　）。

A. 软件产品　　B. 硬件配置说明　　C. 软件配置说明

D. 操作手册　　E. 用户反馈意见表

26. 物流信息系统的开发的第 3 期系统测试的重点工作包括（　　）。

A. 客户现状分析　　B. 模块测试　　C. 集成测试

D. 压力测试　　E. 最终用户培训

27. 物流信息系统的开发的第 4 期上线实施的重点工作包括（　　）。

A. 基础资料准备　　B. 系统初始化　　C. 系统上线

D. 现场协助　　E. 客户验收

28. 进行信息系统的选型时，对于供应商评估部分的考量包括（　　）。

A. 人员素质　　B. 培训能力　　C. 供应商企业规模

D. 供应商经营年限　　E. 相关系统案例

29. 信息系统的选型需考虑价格评估，它包括（　　）。

A. 员工费用　　B. 物流价格　　C. 产品价格

D. 实施价格　　　　　　　　　E. 售后服务价格

30. 下列关于物流信息系统的测试环节描述正确的有（　　）。

A. 系统的测试环节，仅由系统供应商负责

B. 在系统测试中，一般现对每一个模块进行测试，检验数据的输入输出

C. 在测试环节中，一般会发现或多或少或大或小的问题，这些问题需在测试文档中详细记录

D. 客户的角色主要是提供模拟的数据，并一同检验系统运行的过程和运行结果是否满足预期

E. 系统测试最后进行压力测试，即模拟实际运作中最复杂最困难的极端情况下系统能否正常运作

四、情景问答题

1. 某企业信息化实施人员经过5次历时3个月的进场调研，根据企业业务模式特点制订了一揽子信息化解决方案，将系统分为基础资料的维护、订单管理、国际货代管理、报关报检管理、运输管理、仓储管理、结算管理7大模块。请你帮助该企业把运输管理模块、仓储管理模块细分。

2. 某大型企业为了提高企业的业务量，需要走招标流程，构建大型的物流系统，但是由于该业务部的经理李先生是第一次主持招标，并不了解招标流程，请你帮他介绍一下企业物流招标流程。

3. 南京某快运公司正着手研发其物流企业信息管理系统。上线实施是该企业物流信息系统实施的关键环节，上线的顺利与否决定了该企业整个项目的成败。你认为该快运公司的上线实施应该遵循什么样的流程？

4. 第三方物流企业R公司原来是某省规模最大的汽车运输企业集团下的货物运输公司，R公司在信息化方面投入费用过多。请问该企业应该如何管理信息化的资金成本？

五、论述题

1. 物流供应链管理是建立在这样一个合作信念之上的，即它能够通过分享信息和共同计划使整体物流效率得到提高，使渠道安排从一个松散地联结着的独立企业的群体，变为一种致力于提高效率和增加竞争力的合作力量。因此，信息化应用是发展物流管理和供应链管理战略的关键要素。请阐述物流信息系统的开发流程。

2. 上线实施是物流信息系统实施的关键的环节，上线的顺利与否决定了整个项目的成败。请说明企业在什么情况下，需要进行物流信息系统的上线？

3. 物流系统的实施使流程的整体运作效率效益得以提升，请阐述物流信息系统实施成功的关键。

4. 物流信息系统的选购不是简单地挑选某个产品来用的问题，而是各方合作共同开发产物。但是，无论如何，首要的问题还是要挑选合适的物流系统供应商，作为客户的合作伙伴。请分析物流信息系统供应商的评选标准。

六、案例题

华润物流有限公司是华润（集团）有限公司全资附属专业化的第三方物流供应商，其前身华夏企业有限公司，于1949年在香港建基立业，从事海运业务，逐渐扩展至物流内各个领域，华夏企业（集团）有限公司自2001年1月1日起更名为华润物流有限公司。

杜邦集团（DuPont Group）经过近两百年的发展，现已成为世界上历史最悠久、业务最多元化的跨国企业集团之一，分布在全球的制造厂多达180余家，遍布全球70多个国家和地区，市场遍布世界150多个国家和地区。杜邦公司有6个SBU（部门）将货物委托给华润物流进行物流服务。华润物流有限公司为杜邦公司服务的仓库面积约为5000平方米，分A、B、C、D四个库区，约400个库位。杜邦的产品没有特殊的存储条件要求，各类产品可以在一起存放，平均每天的业务量为3～4个集装箱。

1. 现存问题

华润物流公司在为杜邦公司提供物流服务时，由于自身物流信息化的工作还需要进一步完善，在实施信息化之前存在下面的问题：

（1）现存数据不准确，准确率只能达到90%左右。杜邦公司的产品要求满足“先进先出”原则，由于库存数据不准，致使有些货物达不到客户的要求，而在库存报表中没有体现。

（2）货物经过严密包装，不同的货物从外观上很难区分，经常出现发错货物的情况；业务人员的工作强度大，人工操作易出现人为地错误，经常出现货物和批次号对应不上的错误。

（3）库存数据的提供不及时，每次出库或入库后，人工修改报表速度慢、错误率高，且不能实现报表的Web查询。

（4）没有应用条码技术，对于入库的货物还没有有效的检验核对的手段，不能及时发现到达货物的准确性。

（5）在文件报告和配送管理方面也还存在着一些缺陷。

2. 信息化解决方案简介

（1）网络技术方案。

作为华润物流的战略合作伙伴，中软冠群公司的顾问在充分了解了其仓库业务流程后，针对物流业务特点，提供了一整套从仓库管理到最终货物配送管理的系统解决方案。

深圳杜邦仓库的工作人员通过远程登陆到服务器上操作 ES/1 系统。杜邦集团在全球的公司网络对外只开放 80 端口，因此杜邦公司如果要查询库存，必须通过 Internet 网上查询。

Web 服务器使用 ES/1 的数据库，使用 Java 语言，直接编写库存查询程序，网上公布。

（2）主要功能。

主要功能包括入库过程、出库过程、货物移仓、退货管理、计费管理、在途管理和文件报表生成等。

（3）困难与解决措施。

①EDI 数据传输方案与对接：两个应用系统分别拥有自己的 FTP 服务器，两个应用系统分别将文件上传到自己的服务器，并分别从自己的服务器读取需导入的文件。这时要处理两个中转服务器之间的文件传递，并保证实现定时传递或是触发传递，以及进行文件传递的完整性验证。②条码方案：条码打印机、盘点数据采集器和条码扫描枪在与系统连接时的技术问题的解决。③Web 方式下的网上客户操作的问题：设计了简洁的界面风格，并配有详细的帮助说明。④上线后系统的运行速度问题：尽量保证服务器的最优配置，同时选择了最佳的网络拓扑结构。

根据上述案例内容，请回答下列问题：

1. 根据案例分析物流信息系统的含义，常见的物流信息系统有哪些？

2. 在系统开发过程中，华润物流公司作为中软冠群公司的客户，应该提供哪些后勤保障？

单元1 物流企业管理概述 | 单元2 物流服务类型 | 单元3 物流项目开发 | 单元4 物流网络选址 | 单元5 车辆管理
单元6 物流服务管理 | 单元7 物流企业财务管理 | 单元8 物流信息化 | 单元9 物流标准与法律法规

单元9 物流标准与法律法规

本单元学习目标

1. 掌握物流标准化的定义；
2. 掌握物流标准的分类；
3. 掌握物流标准化的特点和好处；
4. 掌握提高物流标准化的措施；
5. 了解我国物流法规当前的整体状况；
6. 掌握物流法规的分类；
7. 了解觉物流法规的应用范围。

一、判断题（本类题型所包含的每道小题都只有正确或错误的一种答案，你认为正确的请在答题卡对应的题号上涂 A，错误的涂 B。）

1. 物流标准化是指以物流系统为对象，围绕运输、储存、装卸、包装以及物流信息处理等物流活动制定、发布和实施有关技术和工作方面的标准，并按照技术标准和工作标准的配合性要求，统一整个物流系统的标准的过程。（　　）

2. 从标准层次性的角度看，制定的与物流有关的标准仅有企业标准和行业标准。（　　）

3. 中国已经建立了一套以国家技术监督局为首的全国性的标准化研究管理机构体系。（　　）

4. 在包装、标志、运输、储存方面的近百个国家标准中，已采用国际标准的约占 5%。（　　）

5. 实现我国物流系统与国际物流大系统顺利接轨，关键在于物流标准化。（　　）

6. 物流基础标准主要介绍了各种物流术语的定义以及物流企业、物流园区、物流中心的分类、要求等。（　　）

7. 物流服务标准主要对集装箱港口各种设备的安全规程、物流公共信息平台、系统的开发指南以及一般仓储的安全管理等制定规范。（　　）

8. 物流信息分类编码标准包括国内物流信息编码与分类相关标准以及国际物流信息编码与分类标准。（　　）

9. 物流系统的标准化涉及面更为单一，其对象也不象一般标准化系统那样广泛。（　　）

10. 物流标准化系统属于二次系统。（　　）

11. 物流安全问题并不突出，几十万吨的超级油轮、货轮遭受灭顶损失的事例很少。（　　）

12. 很多小型医药物流企业信息不能共享，物流效率较低。（　　）

13. 实现物流标准化后，贯通了全系统，可以实现“一贯到户”式的物流，其效益由速度加快、中间装卸、搬运、暂存费用降低、中间损失降低而获得。（　　）

14. 物流活动的内容广泛，物流活动包括运输、仓储、装卸、包装、装卸搬运、流通加

工、信息处理等环节，是一项综合的活动。因此，这些活动所涉及的法律法规的内容就会很多，体系也会非常的庞大。(　)

15. 物流活动的参与者众多，涉及不同的行业、不同的部门和不同的人员等，这些参与者并不受到不同的行业和惯例的制约。(　)

16. 装卸搬运相关物流法规主要包括在水运、陆运、空运及多式联运等不同模式下运输货物交接所涉及的法律。(　)

17. 与流通加工相关的法规有《合同法》，主要是针对于签署承揽加工业务的合同行为进行约束。(　)

18. 仓储合同与保管合同是有区别的，其中仓储合同可以是有偿的也可以是无偿的，但是保管合同是双方有偿合同。(　)

19. 我国已经制定专门的包装法，因此除了有关法规与公约的内容中涉及对包装的要求和合同当事人对包装义务的承担外，主要就是执行包装标准的问题。(　)

20. 保税货物是指经过海关批准未办理纳税手续入境，在境内储存、加工、装配和再运出境的货品，因此保税仓储适用的法规有普遍性。(　)

21. 陆运可分铁路和公路两种模式，其适应的法规相同。(　)

22. 在国际航空运输公约中，《海牙议定书》是基本条约，而《华沙公约》是对其的补充和修订。(　)

23. 《中华人民共和国海商法》中对多式联运的规定，只适合通过两种以上的运输方式且其中的一种为海上运输方式的情况，主要用于规范多式联运经营人的责任和义务，确定各不同运输区段的责任人。(　)

24. 《关于设立海关合作理事会的公约》旨在建立一套新的既可满足海关税则统计需要，又能为国际运输及货品生产商提供标准的商品分类制度。(　)

25. 《中华人民共和国进出口商品检验法》是为了加强进出口商品检验工作，规范进出口商品检验行为而制定的法律。(　)

26. 国内的专业化物流公司和商业企业配送中心规模不断扩大，一些大型制造企业也逐渐接受了与第三方物流企业在物流配送方面的合作。(　)

27. 据粗略统计，在我国现已制定颁布的物流或与物流相关的标准已有近万个。(　)

28. 在包装标准方面，我国已制定了产品包装、运输、储存与标志等标准。(　)

29. 中国参加了国际标准化组织和国际电工委员会与物流有关的各技术委员会与技术处，

并明确了各自的技术归口单位。(　　)

30. 中国没有参加国际铁路联盟（UIS）和社会主义国家铁路合作组织（OSJD）两大国际铁路的权威机构。(　　)

31. 物流标准化工作越来越受到国家的重视，全国不少相关科研院所、高等院校的科研机构，都投入到了这项研究工作当中。(　　)

32. 物流标准化虽然处于一个大系统中，但缺乏共性，从而造成标准种类繁多，标准内容复杂，也给标准的统一性及配合性带来很大困难。(　　)

33. 各种具体的硬技术标准化水平要求很高，十分先进，单项技术高可以起到一定作用。(　　)

34. 只有各个国家重视本国物流与国际物流的衔接，促使本国物流管理发展初期就力求本国物流标准与国际物流标准化体系一致，才会降低国际交往的技术难度。(　　)

35. 物流标准化是物流系统同一性、一致性的保证，是几个环节有机联系的必要前提。(　　)

36. 物流标准化可以加快物流系统建设，是迅速推行物流管理的捷径。(　　)

37. 物流系统是孤立的，为了使物流外系统与物流系统更好衔接，通过物流标准化简化衔接是非常重要的。(　　)

38. 物流标准的推广必须有企业的配合，企业是务实的，利益是它们平衡取舍的关键。(　　)

39. 行业协会应鼓励催促行业中各企业参照国际先进物流标准，努力打破条块分割和地方保护主义，统筹规划，从整个经贸发展的需要来规划物流产业的网络布局。(　　)

40. 我国物流标准化起步较早，较先进。(　　)

41. 我国物流业应该淘汰影响物流业整体发展的旧标准，尽可能地以国际标准为基本参照系逐步推出新标准。(　　)

42. 物流法律法规和准则众多，有的法律相互交叉，有的法律又相互独立，在适用时一定会一致。(　　)

43. 针对物流制定单独的法律或者规章的难度是很容易的。(　　)

44. 即使在物流业发展比较早、发展程度高于我国的一些其他国家，也没有一部类似的法律，来包含物流活动所涉及的各个方面。(　　)

45. 国际法规一般是由国际组织统一制定或者在国际活动中形成的。(　　)

46.《包装储运图标标志》（GB 191）不是强制性的，不能作为技术法规适用。（ ）

47.《海牙规则》等国际公约是世界上大多数国家，尤其是主要的航运国家都遵守的法则，其中主要的一些规则已经融入到了《中华人民共和国海商法》中。（ ）

48.《中华人民共和国航空法》的条款同时适用国际和国内的航空运输，其中明确规范了空运单的性质及其与运输合同的关系、空运单的内容规则、承运人和托运人的责任和义务以及索赔和诉讼的内容。（ ）

49.《国际集装箱多式联运管理规则》从责任义务层面和实际单据操作层面对规范了国际多式联运进行规范。（ ）

50.《中华人民共和国进出境动植物检疫法》是为防止动物传染病、寄生虫病和植物危险性病、虫、杂草以及其他有害生物（以下简称病虫害）传入、传出国境，保护农、林、牧、渔业生产和人体健康而制定的法律。（ ）

51. 我国与口岸相关的法律没有关联，实际操作中一般单独应用到海关的进出口通关业务操作中去。（ ）

52.《海牙议定书》对公约的适用范围、航空单的签发和内容制定、承运人托运人的责任和义务以及索赔和诉讼时效等都进行了与时俱进的完善。（ ）

53. 我国于2010年出台了《中华人民共和国海商法》。（ ）

54. 我国装卸搬运相关物流法规只有《合同法》《航空法》《铁路法》。（ ）

55. 国际物流法规方面大多不具有强制性，约束力也不如国内法规，大多属于非强制法规，各个国家自愿自觉受其约束。（ ）

56. 目前，我国物流标准化人才很多，不需要引进国外物流人才。（ ）

57. 物流标准化是一个水到渠成的自然过程，在短期内推广完善物流标准化体系切实可行。（ ）

58. 在物流标准化工作中，不仅要立足国内实际情况，同时还要着眼于国际，加强物流标准化与国际物流标准化的接轨。（ ）

59. 物流标准化的国际性是其不同于一般产品标准的重要特点。（ ）

60. 如不注重物流标准的经济性，片面强调现代科学水平，片面顺从物流习惯及现状，引起物流成本的增加，自然会使标准失去生命力。（ ）

二、单选题（本类题型所包括的每道小题只有一个正确答案，请在给出的选项中选出正确答案。）

1. 主要介绍了各种条码，编码及其条码表示方式的物流标准是（　　）。

A. 物流技术标准　　B. 物流信息采集标准

C. 物流信息交换标准　　D. 物流信息分类编码标准

2. 物流标准化系统是属于（　　）系统。

A. 一次　　B. 二次　　C. 三次　　D. 四次

3. 作为物流标准化主要目的之一，也是标准化生命力的决定因素的是（　　）。

A. 科学性　　B. 民主性　　C. 经济性　　D. 国际性

4. 物流标准的最终执行者是（　　）。

A. 政府　　B. 监督机构　　C. 群众　　D. 企业

5. 主要对装卸搬运的工具、责任人、车辆清洁工作、装卸方法、堆货方法等进行了规范的法规是（　）。

A.《汽车危险货物运输、装卸作业规范》　　B.《汽车货物运输规则》

C.《铁路货物运输管理规则》　　D.《铁路装卸作业标准》

6.《中华人民共和国海商法》的核心内容在于（　　）。

A. 航运管理　　B. 海上运输

C. 海事纠纷　　D. 海上货物运输合同和租船合同的规范

7. 在铁路运输方面，对承运人和托运人的责任和义务作了明确的规定的是（　　）。

A.《铁路货运运输管理规则》　　B.《国际铁路货物联运协议》

C.《中华人民共和国铁路法》　　D.《汽车货物运输规则》

8. 航空运输部分国内适用的法律法规是（　）。

A.《中国民用航空货物国际运输规则》　　B.《华沙公约》

C.《海牙议定书》　　D.《瓜达拉哈拉公约》

9. 主要用于对进出口和征收关税、查缉走私、编制海关统计和办理其他海关业务等进行规范的法律法规是（　　）。

A.《海关法》　　B.《中华人民共和国进出境动植物检疫法》

C.《中华人民共和国食品卫生法》　　D.《中华人民共和国进出口商品检验法》

10.《货物暂准进口报关手册的海关公约》又称《ATA 公约》，其宗旨在于（　）。

A. 确定海关业务技术相关的规范　　B. 确定海关相关资金的规范

C. 对暂时免费进口货物实行共同制度，为国际贸易及文化活动提供便利，并使缔约各方的海关制度得到高度的协调一致

D. 旨在建立一套新的既可满足海关税则统计需要，又能为国际运输及货品生产商提供标准的商品分类制度

11. 物流标准化是以（　）作为一个大系统，制定系统内部设施、机械设备，专用工具等各个分系统的技术标准。

A. 信息　　B. 物流法规　　C. 运输　　D. 物流

12. 下列关于物流标准化描述错误的是（　）。

A. 物流标准化是指以物流系统为对象，围绕运输、储存、装卸、包装以及物流信息处理等物流活动制定、发布和实施有关技术和工作方面的标准，并按照技术标准和工作标准的配合性要求，统一整个物流系统的标准的过程

B. 制定系统内各个分领域如包装、装卸、运输等方面的工作标准

C. 制定物流运作流程标准、服务质量标准，以物流个体为出发点，研究各分系统与分领域中技术标准与工作标准，分散整个物流系统的标准

D. 研究物流系统与相关其他系统的配合性，进一步谋求物流大系统的标准统一

13. 中国与物流关系比较密切的一些部门，如铁道部、交通部等均制定了一系列与物流有关的标准，特别是制定了许多作为国家标准系列中比较欠缺的作业标准和（　）。

A. 质量标准　　B. 信息标准　　C. 技术标准　　D. 管理标准

14. 国际标准化组织的英文缩写是（　）。

A. IEC　　B. ISO　　C. UIS　　D. OSJD

15. 在包装、标志、运输、储存方面的近百个国家标准中，已采用国际标准的约占(　)。

A. 5%　　B. 10%　　C. 20%　　D. 30%

16. 公路水路运输方面的国标中，已采用国际标准的约占（　）。

A. 5%　　B. 15%　　C. 20%　　D. 30%

17. 在铁路方面的国标中，已采用国际标准的约占（　）。

A. 5%　　B. 15%　　C. 20%　　D. 25%

18. 在车辆方面的国标中，已采用国际标准的约占（　　）。

A. 5%　　B. 15%　　C. 20%　　D. 30%

19. 主要介绍了各种物流术语的定义以及物流企业、物流园区、物流中心的分类、要求等，另外，也对物流成本构成和计算以及定量预测等做了相应的规定的标准是（　　）。

A. 物流管理标准　　B. 物流服务标准　　C. 物流基础标准　　D. 物流技术标准

20. 主要介绍了各种物流术语的定义以及其分类、要求的标准是（　　）。

A. 物流基础、管理与服务标准　　B. 物流信息采集标准

C. 物流信息分类编码标准　　D. 物流信息交换标准

21. 物流信息交换标准分为电子数据交换及贸易单证、电子商务和（　　）。

A. 编码　　B. 第三方电子商务　　C. 报文　　D. 仓储服务质量

22. 下列关于物流标准化特点的描述正确的是（　　）。

A. 和一般标准化系统不同，物流系统的标准化涉及面更为窄

B. 物流标准化系统是属于三次系统

C. 物流标准化更要求体现科学性、民主性和经济性

D. 物流标准化不具有国际性

23. 可以实现不同运输方式之间的无缝联接，对于发展广泛的水陆联运，提高物流作业效率都有着重要意义的标准化形式是（　　）。

A. 集装箱标准化　　B. 物流服务标准化

C. 物流概念标准化　　D. 物流信息标准化

24. 物流活动可以在一个很小的区域内进行，也可以在全球进行，即（　　）。

A. 服务物流　　B. 运输　　C. 物流民主性　　D. 国际物流

25. 物流法律法规，可以分为国际公约、国际惯例、国际标准，这种分类是依据（　　）。

A. 国内法规　　B. 国际法规　　C. 区域法规　　D. 行政法规

26. 仓储租赁对租赁合同的规范、涉及的法律法规是（　　）。

A.《公路、水路危险货物包装基本要求和性能试验》

B.《药品包装管理办法》

C.《危险和化学品包装物、容器定点生产管理办法》

D.《合同法》

27. 主要包括在港站、货场等物流节点的装卸搬运作业所涉及的法规是（　　）。

A. 仓储内部作业相关物流法规装　　B. 卸搬运相关物流法规

C. 运输交接作业相关物流法规　　D. 与口岸相关的法律法规

28. 与口岸有关的国际公约不包括（　　）。

A.《国际卫生条例》　　B.《国际公路车辆运输规定》

C.《协商商品名称和编码制度的国际公约》　　D.《中华人民共和国海关法》

29. 与流通加工相关的法规有《合同法》，进行约束的对象是主要针对（　　）。

A. 签署承揽加工业务的合同行为　　B. 加工材料

C. 违约责任　　D. 风险

30. 主要对以下方面作了规范，包括特殊货的告知与处理、货物的入库验收、仓单的使用、货物的检查和取样、通知和催告、货物的提取、保管人的责任等进行规定的合同类型是(　)。

A. 运输合同　　B. 流通加工合同　　C. 仓储合同　　D. 配送合同

31. 对保税货物的仓储有许多具体的要求进行规定的法规是我国的《海关法》和（　　）。

A.《合同法》　　B.《中华人民共和国进出口商品检验法》

C.《集装箱关务公约》　　D.《海关对保税仓库及所存货物的管理办法》

32. 在其业务过程中，在其控制下的某一区域内或在其有权出入或使用的某一区域内，负责接管国际运输货物，以便对这些货物从事或安排从事于运输有关服务的人是指（　　）。

A. 库房管理员　　B. 港站经营人　　C. 海关　　D. 中外运

33. 明确规范了港站经营人的责任期间、货损赔偿原则和责任基础、赔偿责任限制和权力丧失、货物的留置权以及货物灭失、损坏、延迟交货与诉讼等条约的法规是（　　）。

A.《联合国国际贸易运输港站经营人赔偿责任公约》

B.《合同法》

C.《公路、水路危险货物包装基本要求和性能试验》

D.《中华人民共和国进出口商品检验法》

34. 对于铁路运输中企业对承运货物的整体进行了规范的法规是（　　）。

A.《铁路装卸作业安全技术管理规则》　　B.《铁路车站集装箱货运作业标准》

C.《铁路装卸作业标准》　　D.《中华人民共和国铁路法》

35. 对货场的作业要求、装车作业方法、卸车作业方法有明确的规定的是（　　）。

A.《铁路装卸作业安全技术管理规则》　　B.《铁路车站集装箱货运作业标准》

C.《铁路货物运输管理规则》　　D.《铁路装卸作业标准》

36.《中华人民共和国海商法》，用于规范（　　）。

A. 海上风险　　B. 海运成本

C. 海运范围　　D. 国际海上运输活动中各当事人的关系

37. 下列关于《水路货物运输规则》描述错误的是（　　）。

A. 主要涉及的内容包括航运管理、海上运输、海事、海上保险、海事纠纷解决等问题

B. 主要规范了水路货物运输合同的定义、形式与内容

C. 明确了托运人和承运人的责任和义务

D. 并对运输单证和货物的接受与交付进行了规范

38. 主要对运输货物的种类、运输合同的条款和签订、承运人和托运人的责任和义务、运输流程的控管、违约责任等做了明确的规范的法规是（　　）。

A.《集装箱汽车运输规则》　　B.《铁路货运运输管理规则》

C.《汽车货物运输规则》　　D.《汽车危险货物运输规则》

39. 对于参加到国家铁路货运的各类实体的权责做了规范，具体包括货物运送组织、运送条件、运送费用计算、合同变更、诉讼时效等进行规定的法规是（　　）。

A.《汽车货物运输规则》　　B.《中华人民共和国铁路法》

C.《集装箱汽车运输规则》　　D.《国际铁路货物联运协议》

40. 为保证食品卫生，防止食品污染和有害因素对人体的危害而制定的规范是（　　）。

A.《中华人民共和国进出口商品检验法》　　B.《中华人民共和国国境卫生检疫法》

C.《中华人民共和国进出境动植物检疫法》　　D.《中华人民共和国食品卫生法》

三、多选题（本题型所包含的每道小题都有不止一个正确答案，请选出你认为正确的答案，错选和多选者本小题不得分，少选但选项正确的可得到相应的分数。）

1. 随着物流产业的发育，我国物流标准化工作取得了一系列的成绩。具体表现在以下方面：（　　）。

A. 制定了一系列物流或与物流相关的标准

B. 建立了与物流有关的标准化组织、机构

C. 积极参与国际物流标准化活动

D. 积极采用国际物流标准

E. 积极开展物流标准化的研究工作

2. 为了方便企业查询和购买相关物流标准，中国标准出版社汇编收集了我国已经颁布的物流国家标准和行业标准，并按其内容分为（　　）。

A. 物流基础、管理与服务　　B. 物流信息分类编码　　C. 物流信息采集

D. 物流信息交换　　E. 物流

3. 物流信息交换标准分为（　　）。

A. 电子数据交换及贸易单证　　B. 电子商务　　C. 报文

D. 编码　　E. 采集

4. 物流技术标准包括（　　）。

A. 运输　　B. 包装　　C. 集装单元化器具

D. 搬运与仓储　　E. 流通加工

5. 物流标准化的特点包括（　　）。

A. 科学性　　B. 国际性　　C. 民主性

D. 经济性　　E. 普遍性

6. 企业实现物流标准化带来的好处有（　　）。

A. 物流标准化是物流系统设计的前提

B. 物流标准化对物流成本和效益有重大决定作用

C. 物流标准化可以加快物流管理发展进程

D. 物流标准化为物流系统与外系统的创造了条件

E. 涉及面窄

7. 提高物流标准化的措施包括（　　）。

A. 政府应以优惠政策鼓励企业参与物流标准化建设

B. 行业协会应发挥引导协调作用

C. 积极借鉴、采用国外先进物流标准，注重与国际物流标准接轨

D. 尽快出台基础性实用标准，逐步推出新标准

E. 重视物流标准化人才的培养

8. 我国物流法律法规的特点包括（　　）。

A. 单一性　B. 不完备性　C. 广泛性　D. 多样性　E. 复杂性

9. 从总体来说，我国物流法律法规可以分为（　　）。

A. 国内法规　B. 标准　C. 规章　D. 惯例　E. 国际法规

10. 物流法律法规的框架所包含内容涵盖了物流活动的各个方面，若从物流活动的各个子系统来看，物流法律法规的内容可以分为（　　）。

A. 仓储内部作业相关物流法规　B. 装卸搬运相关物流法规

C. 运输交接作业相关物流法规　D. 与口岸相关的法律法规

E. 与物流企业相关的法律法规

11. 重要的包装规范有（　　）。

A.《一般货物运输包装通用技术条件》（GB 9174）

B.《危险货物运输包装通用技术条件》（GB 12463）

C.《危险货物包装标志》（GB 190）

D.《运输包装件尺寸界线》（GB/T 16471）

E.《包装储运图标标志》（GB 191）

12. 与装卸搬运相关物流法规有（　　）。

A. 港站经营人相关法规　B. 保税法规　C. 港口货物作业规则

D. 铁路货场作业相关规范　E. 公路货场作业相关法规

13. 国家上通用的海运国际公约有（　　）。

A.《海牙规则》　B.《维斯比规则》　C.《汉堡规则》

D.《海商法》　E.《水路货物运输规则》

14. 国际上多式联运的相关法律法规主要有（　　）。

A.《中华人民共和国海商法》　B.《国际集装箱多式联运管理规则》

C.《联合国国际货物多式联运公约》　D.《联运单证统一规则》

E.《多式联运法》

15. 我国与口岸相关的法律主要有（　　）。

A.《中华人民共和国海关法》　B.《中华人民共和国国境卫生检疫法》

C.《中华人民共和国食品卫生法》　D.《中华人民共和国进出境动植物检疫法》

E.《水路货物运输规则》

16. 在包装标准方面，我国已全面制定的标准是（　　）。

A. 包装术语　　B. 包装尺寸　　C. 包装标志

D. 包装材料试验方法　　E. 包装容器试验方法

17. 在物流机械与设施方面，我国制定的标准是（　　）。

A. 起重机械　　B. 输送机械　　C. 仓储设备

D. 自动化物流装置以及托盘　　E. 集装箱

18. 物流信息分类编码标准包括（　　）。

A. 国内物流信息编码与分类相关标准

B. 国际物流信息编码与分类标准

C. 编码　　D. 第三方物流　　E. 服务标准

19. 物流技术标准包括（　　）。

A. 包装　　B. 集装单元化器具　　C. 搬运与仓储

D. 商务车的服务　　E. 物流公共信息平台

20. 实现物流标准化后，贯通了全系统，可以实现“一贯到户”式的物流，其效益获得在于（　　）。

A. 速度加快　　B. 中间装卸　　C. 搬运

D. 暂存费用降低　　E. 中间损失降低

21. 物流法律法规也有多种的表现形式，如（　　）。

A. 国际惯例　　B. 国家法律　　C. 部门规章

D. 行业准则　　E. 数据交换

22. 物流法律法规，按国内法规可分为（　　）。

A. 全国人大通过的法律　　B. 国务院通过的法律

C. 行政主管部门通过的部门规章　　D. 国家标准

E. 国际标准

23. 运输交接作业具体法规有（　　）。

A.《合同法》　　B.《公路法》　　C.《铁路法》

D.《航空法》　　E.《海商法》

24. 与口岸相关的具体法规有（　　）。

A.《中华人民共和国海关法》　　B.《中华人民共和国国境卫生检疫法》

C.《中华人民共和国食品卫生法》 D.《中华人民共和国进出境动植物检疫法》

E.《中华人民共和国进出口商品检验法》

25. 由于我国尚未出台规范的港口经营人法律，当前使用的是基于《民法通则》和《合同法》的《港口货物作业规则》。该法规的主要内容包括（ ）。

A. 规则的适用范围 B. 港口作业合同的形式及基本内容

C. 作业委托人的义务和权利 D. 港口经营人的义务和权利

E. 港航货物交接的特别规定

26. 在公路运输方面，适用的法规有（ ）。

A.《中华人民共和国铁路法》 B.《铁路货运运输管理规则》

C.《汽车货物运输规则》 D.《汽车危险货物运输规则》

E.《集装箱汽车运输规则》

27.《中国民用航空货物国际运输规则》则详细规范了明细操作规则有（ ）。

A. 货物托运 B. 货物收运 C. 货物交付

D. 运价 E. 收费

28. 我国与口岸相关的法律主要有（ ）。

A.《中华人民共和国海关法》 B.《中华人民共和国国境卫生检疫法》

C.《中华人民共和国食品卫生法》 D.《中华人民共和国进出境动植物检疫法》

E.《航空法》

29. 与口岸有关的国际公约主要有（ ）。

A.《关于设立海关合作理事会的公约》

B.《货物暂准进口报关手册的海关公约》

C.《协商商品名称和编码制度的国际公约》

D.《海关法》

E.《中华人民共和国水路运输管理条例》

四、情景问答题

1. 在某蔬菜仓储合同纠纷中，原告与被告签订一份协议书，约定由被告为原告储藏胡萝卜800袋，储藏时间为2005年6月10日至2008年10月10日。原告依约履行协议的约定，但到9月中旬，被告突然告知原告，所储藏的胡萝卜蔬菜全部坏掉，经原告查看后，所存放冷库的胡萝卜蔬菜确已全部变质，给原告造成巨大经济损失。赔偿事宜双方未能达成一致意见，故诉至法院。评判的结果是被告过错，无须承担赔偿责任。请你谈谈这样评判的原因。

2. 某贸易公司委托铁路运输公司运输一批货物，共计 1 个车皮，从南方某省到华北某省，后由于火车编组的原因，该车皮的货物在铁路分局 A 和铁路分局 B 交接的货运站 C 处脱离了双方的监管，最后导致附近的村民哄抢货物，导致了约 10 万元的经济损失。贸易公司要求铁路分局 A 和铁路分局 B 对该车货物进行赔偿。最终判定铁路分局 A 没有过错，铁路分局 B 有过错承担贸易公司的所有损失。请问这样评判的主要原因是什么？

3. 某广州贸易公司 A 与东北贸易公司 B 签订了采购大豆的合同，商定由公司 B 向公司 A 供应 3000 吨大豆，每吨 2000 元。之后公司 A 又与某船务公司甲签订了承运合同，由甲负责大豆从东北某港口运输到广州港，实际承运的船公司为乙公司，而乙又将货船（包括船员）租借给了船公司丙来作业。货轮在东北某港口装上大豆后，又在山东某港口装上了鱼粉，货船到广州后发现部分大豆出现与鱼粉混合、发霉等情况。后 A 公司起诉甲、乙、丙三家公司，要求进行货损赔偿。法院评判由船务公司甲、乙、丙共同赔偿贸易公司 A 货损费用 300 万元。请你谈谈这样评判的原因。

4. 某进出口有限公司 A 以一般贸易方式向海关申报进口机床设备一批，所报货物不属于国家许可证件管理商品，价值人民币 50 万元。海关经查验发现，A 公司实际进口货物为某型号多功能机床仪器设备，实际进口货物与申报商品虽然税率相同，但前者属于自动进口许可管理商品。因 A 公司进口申报行为涉嫌违法，海关对此立案调查。在此情况下，海关将会如何处理呢？处理的依据又是什么呢？

五、论述题

1. 近些年，随着我国物流业的快速发展，物流标准化对物流业的发展具有划时代的意义。请阐述物流标准化的特点。

2. 请阐述物流标准的分类。

3. 某小型医药物流企业物流效率较低，各个阶段之间的衔接和协调性差，信息不能共享，实施物流标准化能够改变现状，提高效率。请你阐述提高物流标准化的措施。

4. 我国目前关于物流活动的一些法律法规，还不是太健全。但随着我国物流业的进一步发展，关于物流方面的法律法规将会更加全面、规范与完善。请你阐述我国物流法律法规的特点。

六、案例题

某储运公司与某食品加工厂签订了食品原料仓储合同，约定由储运公司储存食品加工厂的生产原料。在合同履行期间，食品厂发现从仓库提取的原材料有变质的现象，致使食品厂生产原料供应不上，影响了生产。经查，是由于仓库的通风设备发生故障导致不能按时通风使食品原料变质。

请回答：

1. 储运公司提供的仓储属于哪种类型的仓储？

2. 造成的损失由谁承担？为什么？

答 案 篇

单元1 物流企业管理概述答案

一、判断题（本类题型所包含的每道小题都只有正确或错误的一种答案，你认为正确的请在答题卡对应的题号上涂A，错误的涂B。）

1. A 2. B 3. A 4. B 5. A 6. A 7. B 8. B 9. B 10. B 11. A

12. B 13. B 14. B 15. B 16. A 17. B 18. B 19. A 20. A

二、单选题（本类题型所包括的每道小题只有一个正确答案，请在给出的选项中选出正确答案。）

1. C 2. B 3. D 4. B 5. D

三、多选题（本题型所包含的每道小题都有不止一个正确答案，请选出你认为正确的答案，错选和多选者本小题不得分，少选但选项正确的可得到相应的分数。）

1. ABC 2. ABC 3. AE 4. CDE 5. ABCD 6. ABCE 7. ACDE 8. ABCDE

9. ABCDE 10. ABCDE 11. ABCDE 12. ABCD 13. CDE

四、情景问答题

1. 答：（1）严把司机聘用关。由于目前国内驾驶证管理混乱，物流企业聘用司机时，应执行严格的审核及培训程序。

（2）疲劳驾驶是交通事故发生的最主要原因，因此，物流企业应有针对性地做好预防工作，如安排2名司机轮流开车，每天限定行驶里程等，均可以有效地减少此类事故发生的概率。

（3）资金较充足的物流企业，可以在货运车内安装GPS卫星定位系统，以监控车辆行车的速度、路线，这样可以有效地减少因司机超速行驶或逃避收费而引起的事故。

（4）物流企业应对货运司机定期进行交通法规培训，并对发现的违反交通法规的人员予以严厉惩处，以减少此类交通事故的发生。

2. 答：（1）①加强员工培训，避免装卸人员违规操作；②车辆设施损坏需及时维护。

（2）①建立完善的安全制度，加强货品装卸规范程序的培训，杜绝违规操作的发生；②加强车辆设备的维护工作，尤其是防护挡板、液压升降系统等安全设备的维护保养。

3. 答：运输型物流企业应同时符合以下要求：

（1）以从事货物运输业务为主，包括货物快递服务和运输代理服务，具备一定的规模；

（2）可以提供门到门、门到站、站到门、站到站的运输服务及其他物流服务；

（3）企业自有一定数量的运输设备；

（4）具备网络化信息服务功能，应用信息系统可对运输货场进行状态查询、监控；

（5）按照客户要求，组织物流功能的延伸服务。

4. 答：仓储管理系统作用如下：

（1）无纸化的操作，减少纸张的开销；

（2）条码识别的准确性高，减少人为的错误输入；

（3）提高库存信息的准确度；

（4）物流流程快速、高效；

（5）有效利用库存空间，降低营运成本；

（6）利用各种当前和历史实务的统计报表为决策者提供准确、有用的信息；

（7）数据交换接口的连通，增强企业现有应用系统的管理等。

五、案例题

1. 答：（1）包装服务

在物流过程中，为了使货物完好无损地送到用户手中，满足用户和服务对象的要求，需要对大多数商品进行不同方式、不同程度的包装。包装可分为工业包装和商业包装两类。工业包装的作用是按单位分开产品，便于运输，并保护在途货物。商业包装的目的是便于最后的销售。因此，包装的功能体现在保护商品、单位化、便利化等几个方面。

（2）装卸搬运服务

装卸搬运是随运输和保管而产生的，对运输、保管、包装、流通加工等物流活动起衔接作用。在物流活动的全过程中，装卸搬运活动发生的次数很频繁，是产品损坏的重要原因之一。将装卸搬运服务与其他服务合理搭配，可以节约物流费用，获得较好的经济效益。

（3）流通加工服务

流通加工服务是货品从生产领域向消费领域流动的过程中，为了促进产品销售、保证产品质量并实现物流效率化，对物品进行加工处理，使物品发生物理或化学性变化的服务。流通加工服务是物流活动中的一项重要的增值服务，也是现代物流发展的一个重要趋势。

（4）配送服务

配送是物流活动中一种比较特殊的、综合的服务形式，是商流与物流的紧密结合的纽带。从功能上讲，配送几乎包括了所有的物流功能服务，是整个物流过程的缩影也可以说是整个物流活动在一个小范围内的体现。一般的配送服务集装卸、包装、保管、运输功能于一身，通过这一系列活动的完成将货物送达目的地。合理的配送，可以减少物流成本的投入。配送服务是现代物流服务的一个重要组成部分。

（5）信息服务

现代物流需要依靠信息技术来保证物流体系的正常运作。所以，信息服务是为了适应现代物流的发展而诞生的一种新的服务方式。信息服务可以分为物流信息服务和商流信息服务两种。

（6）金融服务

金融服务是现代物流企业新兴的物流服务类型，其中最具有代表性的是仓单质押融资服务。仓单质押融资服务是物流服务方通过与银行、货主之间达成三方协议，货主将货物储存在物流公司，物流公司向货主提供仓单，货主通过仓单向银行申请贷款的一种金融服务。

2. 答：作为一个物流企业要成为综合服务型物流企业，需要满足以下几点：

（1）可以为客户提供运输、货运代理、仓储、配送等多种物流服务，具有一定的规模；

（2）根据客户的需求，为客户制定整合物流资源的运作方案，为客户提供契约式的综合物流服务；

（3）按照业务要求，企业自有或租用必要的运输设备、仓储设施及设备；

（4）企业具有一定范围内的货物集散、分拨网络；

（5）企业配置专门的机构和人员，建立完备的客户服务体系，能及时、有效地提供客户服务；

（6）具备网络化信息服务系统，可以对物流服务全过程进行状态查询和监控。

单元2　物流服务类型答案

一、判断题（本类题型所包含的每道小题都只有正确或错误的一种答案，你认为正确的请在答题卡对应的题号上涂A，错误的涂B。）

1. A　2. A　3. A　4. B　5. B　6. B　7. B　8. A　9. A　10. A　11. B　12. B　13. A　14. A
15. B　16. B　17. A　18. B　19. A　20. B　21. B　22. B　23. A　24. B　25. A　26. A
27. A　28. B　29. B　30. B　31. A　32. B　33. A　34. B　35. A　36. B　37. A　38. A
39. B　40. A　41. B　42. A　43. A　44. A　45. A　46. B　47. B　48. B　49. B　50. A
51. B　52. B　53. A　54. A　55. B　56. B　57. B　58. A　59. A　60. A　61. B

二、单选题（本类题型所包括的每道小题只有一个正确答案，请在给出的选项中选出正确答案。）

1. B　2. B　3. A　4. D　5. B　6. A　7. C　8. B　9. D　10. A　11. A　12. D　13. B
14. C　15. A　16. C　17. A　18. C　19. C　20. B　21. D　22. D　23. A　24. A

三、多选题（本题型所包含的每道小题都有不止一个正确答案，请选出你认为正确的答案，错选和多选者本小题不得分，少选但选项正确的可得到相应的分数。）

1. ABCDE　2. CD　3. AB　4. ABCDE　5. CE　6. BCDE　7. BE　8. ACE　9. BD
10. ABCDE　11. BD　12. BCE　13. AD　14. ABCD　15. CD　16. ABD　17. BCE
18. ABCDE　19. BDE　20. ABCDE　21. ABCDE　22. ABCDE　23. BCD　24. ABCDE
25. CDE　26. ACE　27. ABD　28. ABCDE　29. BC　30. ABCDE　31. ACD　32. CD
33. ADE

四、情景问答题

1. 答：开拓内贸物流服务，与外贸物流服务网络互为补充，为提供整个供给链物流服务打下基础。航运企业在江海联运、公路运输、铁路联运等方面，已经具备了开展内贸物流的硬件优势，如能充分发挥现有优势，内贸物流的发展一定会事半功倍。

发展各地货物集散地物流业务，建立区域管辖范围的物流中心。当内贸物流发展到一定规模后，可以根据业务的开展有情况，在内贸商品的集散地和内贸运输的节点建立区域性的物流中心，通过规模生产，降低经营成本，提高服务质量，给企业带来更好的经济效益和社会效益。与境内的中外大中型企业建立物流联盟。物流企业的良性发展需要稳定的货源为基础，因此，当物流企业的业务发展到一定阶段时，一定要与境内的大中型企业建立密切的合作伙伴关系，即结成物流联盟，为企业的发展奠定基础。

2. 答：首先，建立完善、密集的全国性的物流服务网络。内贸运输的发展目标是建立全国性的物流服务网络，为客户提供安全、快捷、经济、周到的物流服务。

其次，拓展外贸物流服务，带动航运企业自身主业发展，为企业船队揽取更多的货源。目前，外籍班轮公司对我们的竞争越来越激烈，只有巩固现有的货源基础，并在此基础上大力开拓市场，才能保证企业自有船队的效益，企业才可能有发展的基础。

再次，建立全球性的物流服务网络，为客户提供全球物流服务。

最后，要实现由国有航运企业向现代大型全球物流服务企业的转变，无疑是一项十分庞大而艰巨的任务，不可能一蹴而就，应该采取合理的分阶段的渐进发展战略。

3. 答：在实施项目物流时，物流企业要做到“三个控制”，即进度控制、质量控制和成本控制。

进度控制：由于项目物流是以服务项目为目的，在进度上要保持与项目进度同步进行。一般在签订项目物流合同中都会注明项目物流进度控制，所以，在实施项目物流时，要注意控制物流的进度。

质量控制：由于项目本身具有连续性，下一阶段的任务都是在本阶段任务完成的基础上进行的，本阶段的项目质量将严重影响下一阶段项目进行，所以，在实施项目物流时，要保证物流的标的物准时、准确、完好的送到客户手中，这里所说的质量不仅仅是物流服务的质量，还包括物品的完好无损。

成本控制：对于物流企业来说，承接项目物流活动的本身也是为了从中获取利润，所以在实施项目物流时，要注意控制物流成本。

4. 答：仓单质押融资业务的特点包括以下几点：多适用于商品流通企业；有效解决企业担保难问题，当企业无固定资产作为抵押，又寻找不到合适的保证单位担保时，可以自有的仓单作为质押向银行取得贷款；缓解企业因库存商品而造成的短期流动资金不足的状况；质押仓单项下货物允许周转，可采取以银行存款置换仓单和以仓单置换仓单两种方式。

五、论述题

1. 答：作为一个物流企业要成为综合服务型物流企业应当具备的条件包括：

（1）可以为客户提供运输、货运代理、仓储、配送等多种物流服务，具有一定的规模；

（2）根据客户的需求，为客户制订整合物流资源的运作方案，为客户提供契约式的综合物流服务；

（3）按照业务要求，企业自有或租用必要的运输设备、仓储设施及设备；

（4）企业具有一定范围内的货物集散、分拨网络；

（5）企业配置专门的机构和人员，建立完备的客户服务体系，能及时、有效地提供客户服务；

（6）具备网络化信息服务系统，可以对物流服务全过程进行状态查询和监控。

2. 答：物流企业提供综合服务的方式有以下两种：

（1）企业内横向一体化：企业内横向一体化是指要求企业内各个部门之间相互合作，资源共享，达到综合服务的目的。对于比较大的物流企业，企业内部被划分为不同的部门，每个部门提供不同的服务，而企业内部的横向一体化就是要达到物流资源共享的目的，是企业内部协调一致，和谐发展。

（2）企业间纵向一体化：企业间纵向一体化是指具有投入、产出关系的不同的企业之合为一体，即在不改变要素产权关系的前提之下，建立战略联盟，将企业各自拥有的物流资源与其他企业分享，或者和其他企业合作。可以通过互相投资、参股、签订合同等方式来实现战略联盟。

（3）企业横向一体化强调企业内部各部门之间通过相互协调达到服务目的，而纵向一体化倾向于从产业链的角度出发，不同企业之间通过一体化达到服务的目的，如提供仓储服务为主的物流企业和提供运输服务为主的物流企业通过纵向一体化结成战略联盟为客户提供一体化的物流服务，从而提高自身竞争力。

3. 答：在办理仓单质押融资过程中货主企业、仓储企业及银行的作业流程如下：

（1）由仓储企业和货主企业之间签订仓储协议，并向货主提供仓单；

（2）货主根据仓储企业提供的仓单向银行申请贷款；

（3）银行向仓储企业核对仓单；

（4）银行、仓储企业和货主企业三方共同签订质押贷款协议；

（5）银行和货主企业签订银企合作协议；

（6）银行根据上述协议向货主企业发放贷款；

（7）仓储企业根据三方协议对货主企业的货物实施监管；

（8）货主企业在规定期限内向银行归还贷款，银行有义务负责收回贷款；

（9）仓储企业接到货主企业申请和银行相关证明之后向货主企业发放货物，至此，一个完整的仓单质押融资流程结束。

4. 答：就国际货代提供服务的对象来看，可以分为以下几个方面：

（1）为发货人服务

货代代替发货人完成货物运输过程中的任何一项业务。

（2）为海关服务

当国际货运代理作为海关代理为客户办理相关进出口商品的海关手续时，它不仅代表他的客户，而且代表海关当局，要对海关负责。

（3）为承运人服务

货运代理向承运人及时定舱，议定对发货人、承运人都公平合理的费用，安排适当时间交货，以及以发货人的名义解决与承运人的运费账目等问题。

（4）为航空公司服务

在空运业上，货运代理充当航空公司的代理，它利用航空公司的货运手段为货主服务，以此获得航空公司支付的佣金。另外，货运代理还可以通过差价服务获取利润。

（5）为班轮公司服务

货运代理与班轮公司的关系因业务的不同而不同。近几年来，货代公司开始为客户提供拼箱服务（即拼箱货的集运服务），这也促使货代公司与班轮公司及其他承运人（如铁路/公路）之间的关系更为密切。

（6）提供拼箱服务

在国际贸易中，随着集装箱运输的发展，集运、拼箱服务成为国际货运公司新的服务类型。在提供该服务的过程中，货代要为委托人的利益负责。

（7）提供多式联运服务

货代在多式联运中的职能是充当主要承运人并承担组织单一合同下通过多种运输方式的门到门的货物运输。

六、案例题

答：物流是企业生产和销售的重要环节，是保证企业高效经营的重要方面。对于一个制造型企业来说，物流包括从采购、生产到销售这一供应链环节中所涉及的仓储、运输、搬运、包装等各项物流活动，它是贯穿企业活动始终的。只有物流的顺畅，才能保证企业的正常运行。同时，物流服务还是提高企业竞争力的重要方面，及时准确地为客户提供产品和服务，已成为企业之间除了价格以外的重要竞争因素。

物流服务水平是构建物流系统的前提条件物流服务水平不同，物流的形式将随之而变化，因此，物流服务水平是构建物流系统的前提条件。企业的物流网络如何规划，物流设施如何设置，物流战略怎样制定，都必须建立在一定的物流服务水平之上。不确定一定的物流服务水平而空谈物流，是“无源之水，无本之木”。

物流服务水平是降低物流成本的依据。物流在降低成本方面起着重要的作用，而物流成本的降低必须首先考虑物流服务水平，在保证一定物流服务水平的前提下尽量降低物流成本。从这个意义上说，物流服务水平是降低物流成本的依据。

物流服务起着连接厂家、批发商和消费者的作用，是国民经济不可缺少的部分。

单元3　物流项目开发答案

一、判断题（本类题型所包含的每道小题都只有正确或错误的一种答案，你认为正确的请在答题卡对应的题号上涂A，错误的涂B。）

1. A　2. B　3. A　4. B　5. A　6. B　7. A　8. A　9. B　10. A　11. B　12. A　13. B　14. A　15. B　16. A　17. B　18. A　19. B　20. A　21. B　22. A　23. B　24. A　25. B　26. A　27. B　28. A　29. B　30. A　31. B　32. A　33. B　34. A　35. B　36. A　37. B　38. A　39. B　40. A　41. B　42. A　43. B　44. A　45. B　46. A　47. B　48. A　49. B　50. A　51. B　52. A　53. B　54. A　55. B　56. A　57. B　58. A　59. B　60. A　61. B　62. A　63. B　64. A　65. B　66. A

二、单选题（本类题型所包括的每道小题只有一个正确答案，请在给出的选项中选出正确答案。）

1. A　2. B　3. C　4. D　5. A　6. B　7. C　8. D　9. A　10. B　11. C　12. D　13. A　14. B　15. C　16. D　17. A　18. B　19. C　20. D　21. A　22. B

三、多选题（本题型所包含的每道小题都有不止一个正确答案，请选出你认为正确的答案，错选和多选者本小题不得分，少选但选项正确的可得到相应的分数。）

1. ABCDE　2. ACE　3. BC　4. ABCDE　5. ACDE　6. ABCDE　7. ABC　8. ABCE　9. BCD　10. ABCD　11. BCDE　12. ABCE　13. ABCE　14. ABCDE　15. ABC　16. ABCDE　17. ABC　18. ABCDE　19. BDE　20. ABCD　21. ABCD　22. ABCD

四、情景问答题

1. 答：对物流企业来说，市场定位应包括以下几个部分：

（1）经营层面定位。经营层面定位主要是指物流企业经营的内容是什么。

（2）核心竞争力定位。核心竞争力是指自身具备的而其他企业没有的能够为企业提供长期竞争力的能力，对于物流企业来说，核心竞争力可以从市场营销中获得，也可以从企业文化中获得。

（3）主导区域定位。物流企业的业务区域可能很广，但一般情况下每一个物流企业都有自己的主导区域，且在该区域占有的市场份额较大，相对于其他区域，在该区域比较容易获得竞争优势。

（4）主导行业定位。主导行业是指物流企业主要服务客户所处的行业，除了少数大型物流企业之外，大多数物流企业只服务于一个或几个行业，这主要是受到物流企业资本实力和核心竞争力能力的制约，也是市场营销策略的必然选择。

（5）资产能力及服务水平。资产能力是指物流企业的资产水平如何，资产水平的高低直接决定着物流企业是否有能力继续进行市场扩张，能否抵御外来风险。服务水平是从客户的角度出发对物流企业的定位，服务水平的高低将决定物流企业是否容易获得客户的认可。

2. 答：企业物流投标的主要内容一般应包括以下这些方面：

（1）提案的基本目标。提案的基本目标包括方案的宗旨和服务的承诺，需描述客户所需的物流服务能力。

（2）企业物流资源和优势的介绍。这部分主要介绍物流企业在物流设施设备硬件、软件方面的资源，在管理制度方法上的优势，还可介绍之前成功服务客户的经验以及被服务客户的介绍。

（3）企业物流服务模式。需要详细描述物流服务各子模块的具体运作方法。

（4）物流信息服务模式。由于信息是物流的灵魂，尤其需强调为客户提供的信息服务，如果客户本身有物流信息系统，那么就可能会涉及双方信息系统的接口问题。

（5）服务报价。服务报价一般可以通过“成本＋利润”的方式来计算，或者通过市场行情并结合之前的经验来报价。如果客户需要，还要提出总体报价、分项报价和特殊操作费用等。

3. 答：重点从以下三个方面进行分析：

（1）物流市场分析。物流企业在进入某个区域进行客户开发时，首先要对当地的物流市场进行分析，一般包括：物流市场规模分析，即该地区每年的物流需求总量。由于物流产品本身所具有的特性，在考察物流市场规模时，一般从当地企业数量、企业类型、当地产业类型等情况进行调查，通过企业规模来确定物流市场规模；物流市场构成分析，即该地区的物流市场有哪些物流公司，每个物流公司的规模大小，占当地物流市场的份额是多少等。

（2）消费者分析。物流消费者是物流服务的主体，因此，在进行客户开发时，只有正确的客户开发策略才能获得消费者的肯定。

物流消费群体分析，对物流企业而言，只有对自身产品有需求的客户才是真正的客户，在进行消费群体分析时，要明确哪些客户是应该重点开发的客户，哪些是潜在消费客户等。

物流消费者获取信息途径分析，受到不同地区经济发展水平及习惯的不同，每个地方的消费者可能会通过不同的途径获得物流产品信息，物流企业在进行客户开发前，对当地物流消费者获取信息途径进行调查，才能选择针对性的客户开发策略。

（3）物流产品分析。物流产品分析是指物流企业对自身物流服务进行综合分析，来确定与其他竞争者之间的区别，一般包括：①物流产品定位分析，定位分析主要是对物流产品在整个物流市场所处的层次，如是全国性物流公司，还是地方性物流公司，是服务于零售行业为主，还是医药行业为主，是仓储型物流公司还是综合型物流公司等情况。②竞争者物流服务分析，主要是对市场上存在的主要竞争者的服务质量、服务特点进行分析，通过竞争者分析，来确定客户开发的目标群体，进而确定客户开发策略。

五、论述题

1. 答：商品存放的方法有两种：一种是商品群系统方法，一种是货位系统方法。所谓商品群系统方法是指将同一类商品集中存放在一起。货位系统方法又根据货位存储商品的变化情况分为固定货位存储和开放式货位存储。固定货位存储是指仓库中的所有货位都被事先规定好，只能用来存放固定品种的货物，这样每一种货物的存放地点就是固定不变的，每次补货时，只需将入库货物存放在固定位置即可。开放式存储则是所有货位随机分配给入库的货物，每一种货物存放的地点也不同。

以上商品存放方法各有特点：商品群系统的特点是定位容易，但搬运困难，对库存需要面积难以把握；货位系统方法的特点是定位复杂，但搬运容易；固定货位存储方法的特点是查找起来比较容易，但对仓库的利用率较低，对库存需要面积也难以测量；开放式存储方法的特点是不但对仓库利用率要求很高，而且对仓库管理软件的要求也很高，要能够准确的对仓库内的货物进行准确的定位。

2. 答：主要有两种客户开发方式：

（1）广告开发客户。该客户开发模式具有初期投入成本高，传播速度快，影响范围大等特点，但受到广告播出时间的限制。操作流程如下：物流企业首先要制定广告营销方案；联系广告播放渠道商，购买相关播放权；物流企业投入资金委托广告公司进行广告制作；在广告播出后，客户受到广告影响后主动联系物流企业；向客户介绍公司的服务产品；与客户多次交流，为服务合同的签订铺路；和客户签订相关物流服务合同；对已有客户进行关系维护，以保持客户关系或挖掘已有客户的新服务需求。

（2）电话开发客户。该客户开发模式成本低、针对性强、时效性强。操作流程如下：物流企业业务员先从黄页、网页、公司已有客户的名片中获得客户信息；对客户信息进行筛选，以获得有价值的潜在客户；与客户进行联系，并介绍公司的服务产品；客户多次交流，以便为服务合同的签订铺路；和客户签订相关物流服务合同；对已有客户进行关系维护，以保持客户关系或挖掘已有客户的新服务需求。

除了这两种开发方式外，还有网络开发、品牌开发、展会开发、竞标开发、产业联盟开发等模式。

3. 答：运输方案设计的流程如下：

（1）运输/配送调研

运输/配送调研包含的内容主要包括物流需求方的客户的地址，各条线路的路况，各条线路的配送量及配送频率等。

（2）运输/配送设计

①运输/配送时效。根据客户对配送时效的要求以及物流供应方自身的运输能力，双方共同协商运输时效最终结果。另外，对路况较差或者运输距离较远的地方运输时效需要弹性较大一些，同时，费用也相对高一些。

②运输/配送路径。为了保证运输时效并节约成本，物流供应方要根据调查的各运输线路的路况，选择合适的运输/配送路径，以最短的时间、最低的成本完成运输/配送任务。

③运输/配送工具。在全部物流运作时间中，运输时间占绝大部分，尤其是远距离运输。因此，运输/配送时间的缩短对整个流通时间的缩短起决定性的作用。此外，运输时间缩短，还得靠合适的运输工具，充分发挥公司的运力效能，提高运输线路通过能力，不同程度地改善不合理。

（3）运输/配送费用计算

运输费用在全部物流费用中占很大的比例，运输/配送费用的高低在很大程度上决定整个物流系统的竞争能力。实际上，运费的相对高低，无论对货主还是对物流企业都是运输是否合理的一个重要标志。

根据配送线路、货品数量、货品属性等的不同，其货品的单位运输费用也不相同。为帮助客户节省运输成本，避免当地物流中心因缺货而产生异地物流中心调货运输，可提供调货直发模式，通过这种方式减少运输环节，节省运输成本。

（4）报价

根据运输/配送费用的计算结果，在增加一定比例的利润的情况下，对客户进行报价。

4. 答：运输方案设计的流程如下：

（1）客户信息调研

客户信息调研主要是针对客户货品储存信息，如货物库存量、进出库频率、货物属性等，进行调查和研究。

（2）储位设计

储位需求设计包括两个方面：一个是需要多大的存储空间，包括总的需求空间和每个商品的需求空间；第二是该种商品应该存放在仓库的何种位置，即储位设计。

①需求空间设计：包括存储区需求面积计算；估算其他区域面积；仓库总需求面积的确定。

②储位设计：在进行储位设计时，首先要了解商品存放的方法和原则。

商品存放的方法有两种：一种是商品群系统方法，一种是货位系统方法。所谓商品群系统方法是指将同一类商品集中存放在一起。货位系统方法又根据货位存储商品的变化情况分为固定货位存储和开放式货位存储。固定货位存储是指仓库中的所有货位都被事先规定好，只能用来存放固定品种的货物，这样每一种货物的存放地点就是固定不变的，每次补货时，只需将入库货物存放在固定位置即可。开放式存储则是所有货位随机分配给入库的货物，每一种货物存放的地点也不同。

（3）计算仓储费用

根据设计的仓储方案，根据货品的属性不同，计算其存储成本。

（4）报价

根据计算的仓储成本，在增加一定利润率的情况下，参照同类企业仓储成本，对客户进行报价。如果客户对价格提出异议，双方进行协商，得出令双方都满意的最终价格。

六、案例题

答：最适合该企业的市场定位应当是：（2）闵行地区外商投资企业的第三方物流企业。

要成为国际贷运代理企业，需要外经贸部批准，手续烦琐。更重要的是国际贷运代理企业主要处理集装箱业务，车辆最好是集装箱卡车，而本企业只有普通卡车，不具备条件，因而不予考虑。

闵行地区是上海最早的经济技术开发区，外商投资企业较多，并且具有较长的历史，更往西部的松江经济开发区也有许多外商投资企业。这些货主企业，对于采购第三方物流早有需求。只要掌握他们的物流需求，并充分结合自己的能力，就有可能提供令人满意的服务。

车辆外包、仓库出租尽管可以极大程度地调动司机和仓库地工作积极性，但是不能发挥企业的规模优势，与物流的整合资源的理念也是截然对立的。

省际运输仓储业的定位是基于传统方式，面向公众的服务方式，并没有凸显物流企业的特点。

单元4　物流网络选址答案

一、判断题（本类题型所包含的每道小题都只有正确或错误的一种答案，你认为正确的请在答题卡对应的题号上涂A，错误的涂B。）

1. B　2. A　3. B　4. A　5. A　6. A　7. A　8. B　9. B　10. A　11. A　12. B　13. B　14. A

15. A　16. A　17. B　18. A　19. A　20. A　21. B　22. A　23. A　24. A　25. A　26. B

27. A　28. B　29. A　30. B　31. A　32. B　33. B　34. B　35. A　36. A　37. A　38. A

39. B　40. B　41. B

二、单选题（本类题型所包括的每道小题只有一个正确答案，请在给出的选项中选出正确答案。）

1. B　2. C　3. A　4. D　5. C　6. B　7. A　8. A　9. A　10. C　11. C　12. B　13. C　14. C

15. A　16. C　17. D　18. B　19. D　20. C　21. A　22. A　23. B　24. C　25. D

三、多选题（本题型所包含的每道小题都有不止一个正确答案，请选出你认为正确的答案，错选和多选者本小题不得分，少选但选项正确的可得到相应的分数。）

1. AE　2. ABCDE　3. ABCD　4. ACDE　5. BCDE　6. ABCDE

7. ABCDE　8. BD　9. ABCD　10. ABCE　11. ABCDE　12. CD

四、情景问答题

1. 答：忽略距离 d_i，根据重心公式求得待选物流中心的初始坐标（$\overline{X}_0$，$\overline{Y}_0$）；

$$\overline{X}_0 = \frac{\sum_{i=1}^{n} R_i V_i X_i}{\sum_{i=1}^{n} R_i V_i}$$

$$= \frac{2000 \times 0.05 \times 3 + 3000 \times 0.05 \times 8 + 2500 \times 0.075 \times 2 + 1000 \times 0.075 \times 6 + 1500 \times 0.075 \times 8}{2000 \times 0.05 + 3000 \times 0.05 + 2500 \times 0.075 + 1000 \times 0.075 + 1500 \times 0.075}$$

$$= 5.16$$

$$\overline{Y}_0 = \frac{\sum_{i=1}^{n} R_i V_i X_i}{\sum_{i=1}^{n} R_i V_i}$$

$$= \frac{2000 \times 0.05 \times 8 + 3000 \times 0.05 \times 2 + 2500 \times 0.075 \times 5 + 1000 \times 0.075 \times 10 + 1500 \times 0.075 \times 8}{2000 \times 0.05 + 3000 \times 0.05 + 2500 \times 0.075 + 1000 \times 0.075 + 1500 \times 0.075}$$

$$= 5.90$$

根据第二步得到的（$\overline{X}_0$，$\overline{Y}_0$）计算出（$\overline{X}_0$，$\overline{Y}_0$）与各客户点（$\overline{X}_i$，$\overline{Y}_i$）的距离 d_i，公式如下：

$$d_i = [(X_i - \overline{X})^2 + (Y_i - \overline{Y})^2]^{\frac{1}{2}}$$

得距离结果如下表所示：

d_1	d_2	d_3	d_4	d_5
3.01	4.82	3.29	4.19	3.53

第一迭代得到求出修正的（$\overline{X}_1$，$\overline{Y}_1$）；

将 d_i 代入

$$\overline{X}_1 = \frac{\sum_{i=1}^{n} R_i V_i X_i / d_i}{\sum_{i=1}^{n} R_i V_i / d_i} = 4.8$$

将 d_i 代入

$$\overline{Y}_1 = \frac{\sum_{i=1}^{n} R_i V_i Y_i / d_i}{\sum_{i=1}^{n} R_i V_i / d_i} = 6.1$$

此时，第一次迭代的（$\overline{X}_1$，$\overline{Y}_1$）与初始（$\overline{X}_0$，$\overline{Y}_0$）的距离为：

$D = [(\overline{X}_1 - \overline{X}_0)^2 + (\overline{Y}_1 - \overline{X}_0)^2]^{\frac{1}{2}} = 0.4 > 0.3$，故不需要再次迭代。

重复上述方法步骤，先计算各（$\overline{X}_1$，$\overline{Y}_1$）与各客户点（$\overline{X}_i$，$\overline{Y}_i$）的距离 d_i。

得距离结果如下表所示：

d_1	d_2	d_3	d_4	d_5
2.62	5.20	3.03	4.06	3.69

第二迭代得到求出修正的（$\overline{X}_2$，$\overline{Y}_2$）；

将 d_i 代入 $\overline{X}_2 = \frac{\sum_{i=1}^{n} R_i V_i X_i / d_i}{\sum_{i=1}^{n} R_i V_i / d_i} = 4.6$

将 d_i 代入 $\overline{Y}_2=\dfrac{\sum_{i=1}^{n}R_iV_iY_i/d_i}{\sum_{i=1}^{n}R_iV_i/d_i}=6.2$

此时，第二次迭代的（$\overline{X}_2$，$\overline{Y}_2$）与第一次迭代（$\overline{X}_1$，$\overline{Y}_1$）的距离为：

$D=[(\overline{X}_1-\overline{X}_2)^2+(\overline{Y}_1-\overline{X}_2)^2]^{\frac{1}{2}}=0.22<0.3$，故不需要再次迭代。

所以，最终的计算结果为坐标（4.6，6.2）。

2. 答：（1）自然环境

考虑各可选地址距离较近，自然环境基本相同，故评分无差别。

（2）交通运输

由于物流中心是商品的集散地，有较多的运输业务，运输距离的大小影响运输成本的大小，因此物流中心的位置要靠近主要干线附近。考虑到该城市无机场，所以，距火车站和高速公路出口越近，得分越高，反之则越低。

（3）地域

①企业密度：考虑到物流中心今后的远景规划，可选地内企业密度不宜过大，另外还要考虑到物流中心的主要产品与附近临近企业的产品或原材料是否有影响；

②住宅区：由于物流中心出入车辆比较多，噪声污染比较严重，故不宜选择住宅区附近。

（4）候选地形状

①面积：面积不宜过小，面积大者得分越高；

②形状：为便于建筑物收发作业区的配置需要，要求形状尽量规则，以矩形为佳，适宜物流中心布局；

③周边干线及地价：由于可选地之间距离较近，地价相差无几，而且都靠近沪杭高速，故评分无差别；

④公共设施：主要考虑物流中心的供气、供水、供电等情况；

⑤道路：考虑各可选地周边道路情况，道路是否通畅、路面状况是否良好、路面宽度多大等道路情况都影响物流中心的运输效率。

五、论述题

1. 答：选址过程中应考虑以下因素：

（1）土地成本

配送中心的成本中，土地成本占有很大的比重，地价的高低将直接影响配送中心的选址及网点布局。

（2）交通条件

配送中心的选址最好靠近交通枢纽，如交通主干道枢纽，铁路编组站或者机场，方便两种以上运输方式的连接。

（3）自然条件

配送中心是大量商品的集结地，需要储存大量的堆码很高的货物，会对地面造成很大的压力。同时，还要注意配送中心的地形条件、气候条件以及水文条件等自然因素。

（4）土地可得性

配送中心建设时还要考虑到今后配送中心的可扩展性，所以，规划配送中心时，还要考虑在规划区域内能否获得足够的土地面积。

（5）人力成本

随着配送中心功能的不断延伸，对人力资源的需求也越来越多，越来越专业。

（6）服务水平

在现代物流中，能否实现准时运送是配送中心服务水平高低的重要指标。

（7）基础设施是否完备

配送中心的所在地，除了道路通畅之外，还要考虑当地的供水、供电、燃气等是否配套，是否有废水处理能力等基本条件。

2. 答：模式1：工厂→RDC→销售终端（卖场）；模式2：工厂→RDC→FDC→销售终端（卖场）。

其中，RDC即为Regional Distribution Center，意为区域物流中心，FDC即为Forward Distribution Center，意为前进物流中心。对于全国性（中国大陆区）的生产和分销企业，考虑到配送时效和经济性，一般RDC以5～9个居多，每个区选择合适的城市设置一个RDC，企业可以根据自身的需求增加区块或者合并区块。

从DC的分工看，起配运核心作用的是RDC，而FDC常为季节性使用，FDC的功能为临时囤货，以避免在销售旺季或者交通不便季节可以及时对销售终端供货。

对于特定的企业而言，需要设置多少个DC，每个DC的位置选择，以及货物选择何种流向最为合理，这是个复杂的规划问题。规划考虑的主要因素为配送时效和整体物流成本。可用的模型主要为区位规划模型。

3. 答：重心法模型

$$x_0 = \frac{\sum_{i=1}^{n} \frac{h_i w_i x_i}{d_i}}{\sum_{i=1}^{n} \frac{h_i w_i}{d_i}},\quad y_0 = \frac{\sum_{i=1}^{n} \frac{h_i w_i y_i}{d_i}}{\sum_{i=1}^{n} \frac{h_i w_i}{d_i}}$$

$$d_i = \sqrt{(x - x_i)^2 + (y - y_i)^2},\quad H = \sum_{i=1}^{n} h_i w_i d_i$$

其中：h_i——运输费率，w_i——物流量，d_i——配送中心到客户直线距离，H——配送总成本。

由于该方法下包含了距离变量，所以求解需要使用迭代法求解：

（1）不考虑距离因素利用公式：

$$x = \frac{\sum_{i=1}^{n} h_i w_i x_i}{\sum_{i=1}^{n} h_i w_i},\quad y = \frac{\sum_{i=1}^{n} h_i w_i y_i}{\sum_{i=1}^{n} h_i w_i}$$

求的 x 值和 y 值，代入距离模型和成本模型中，求出初始成本 H_0；

（2）代入重心法模型中，求出改善后的坐标（x_0^0，y_0^0），代入距离模型和成本模型中，求出总成本 H_1；

（3）比较 H_0 与 H_1 的大小，若 $H_1 > H_0$，则说明（x_0^0，y_0^0）为最优解。如果 $H_1 < H_0$，则说明改善后的配送中心产生的总成本仍有改善的空间。继续迭代，直至改善空间已经非常小可忽略估计，则最后迭代的结果即为近似最优解（注意：绝对最优解理论上不可能求得）。

单元5　车辆管理答案

一、判断题（本类题型所包含的每道小题都只有正确或错误的一种答案，你认为正确的请在答题卡对应的题号上涂 A，错误的涂 B。）

1. A　2. A　3. B　4. A　5. B　6. B　7. A　8. B　9. A　10. A　11. B　12. B　13. A　14. A　15. B　16. A　17. A　18. A　19. A　20. A　21. B　22. B　23. A　24. B　25. B　26. A　27. B　28. A　29. A　30. B　31. A　32. A　33. B　34. A　35. A　36. A　37. B　38. B　39. A　40. A　41. A　42. B　43. B　44. A

二、单选题（本类题型所包括的每道小题只有一个正确答案，请在给出的选项中选出正确答案。）

1. A　2. B　3. A　4. C　5. A　6. B　7. A　8. B　9. B　10. D　11. B　12. B　13. D　14. A　15. C　16. B　17. C　18. D　19. C　20. B　21. D　22. D　23. D　24. D　25. C　26. D

三、多选题（本题型所包含的每道小题都有不止一个正确答案，请选出你认为正确的答案，错选和多选者本小题不得分，少选但选项正确的可得到相应的分数。）

1. ABCD　2. BD　3. ABCD　4. AB　5. ABCD　6. BC　7. ABCD　8. ABCD　9. ABCD　10. AD　11. ABCD　12. ABCD　13. ABCD　14. ABCD　15. ABCD

四、情景问答题

1. 答：自营车队的优势：①控制力强，管理和服务水平高；②有助于物流网络的建设和提升企业形象。

自营车队的弊端：①初期投资大，风险大；②运营成本比较难控制。

租车经营的优势：①初期投资小，灵活度大；②市场化运作，运营成本可以得到较好的控制。

租车经营的弊端：①控制力弱，管理和服务水平较难保障；②长期来看，对企业物流网络的建设和企业形象的提升帮助甚微。

2. 答：先优化配送路线，计算节约里程数。

第一步，根据运输里程表，按节约里程公式，求出相应的节约里程数，如下表括号内数字所示。

节约里程表

需要量	O							
2.8	8	A						
1.7	4	5（7）	B					
0.8	11	9（10）	4（11）	C				
1.4	12	16（4）	11（5）	7（16）	D			
2.5	5	13（0）	9（0）	13（3）	10（7）	E		
1.6	15	22（1）	18（1）	22（4）	19（8）	9（11）	F	
1.8	19	27（0）	23（0）	30（0）	30（1）	20（4）	11（23）	G

第二步，按节约里程数大小的顺序排序。

节约里程排序

序号	路线	节约里程	序号	路线	节约里程
1	F—G	23	9	B—D	5
2	C—D	16	10	C—F	4
3	B—C	11	11	A—D	4
4	E—F	11	12	E—G	4
5	A—C	10	13	C—E	3
6	D—F	8	14	A—F	1
7	D—E	7	15	B—F	1
8	A—B	7	16	D—G	1

第三步，按节约里程数大小，组成配送路线图（如下图所示）。

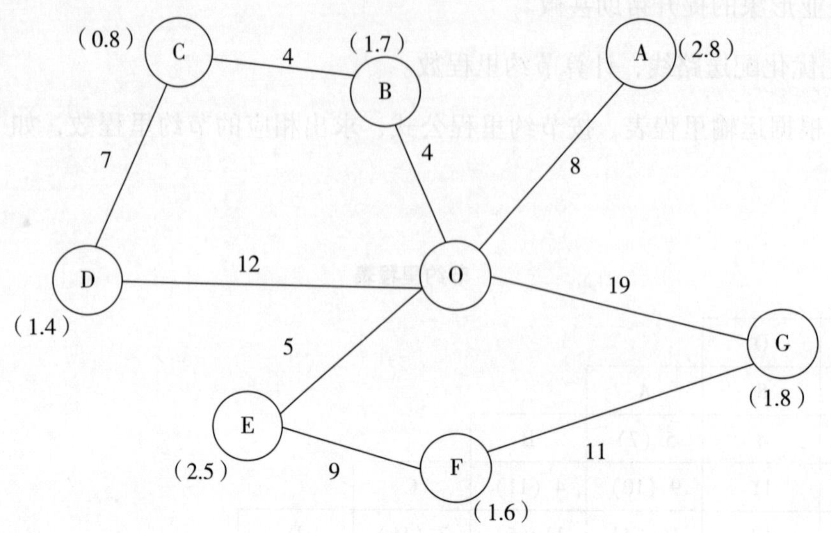

配送路线如下：

①E—F—G 组成共同配送，节约里程（11 + 23） = 34（千米），配送重量（2.5 + 1.6 + 1.8） =5.9（吨），使用一辆 6 吨车。

②D—C—B 组成共同配送，节约里程 16 + 11 =27（千米），配送重量（1.4 + 0.8 + 1.7） = 3.9（吨），使用一辆 4 吨车。

③A 单独送货，配送重量为 2.8 吨，使用一台 4 吨车配送。

优化后的配送线路，共节约里程为 $\Delta S = 34 + 27 = 61$（千米）。

3. 答：先优化配送路线，计算节约里程数。

第一步，根据运输里程表，按节约里程公式，求出相应的节约里程数，如下表括号内数字所示。

节约里程表

需要量	O					
1.5	8	A				
1.7	8	12（4）	B			
0.9	6	13（1）	4（10）	C		
1.4	7	15（0）	9（6）	5（8）	D	
2.4	0	16（2）	18（0）	16（0）	12（5）	E

第二步，按节约里程数大小的顺序排序。

节约里程排序

序号	路线	节约里程	序号	路线	节约里程
1	B—C	10	6	A—E	2
2	C—D	8	7	A—C	1
3	B—D	6	8	B—E	0
4	D—E	5	9	C—E	0
5	A—B	4	10	A—D	0

第三步，按节约里程数大小，组成配送路线图（如下图所示）。

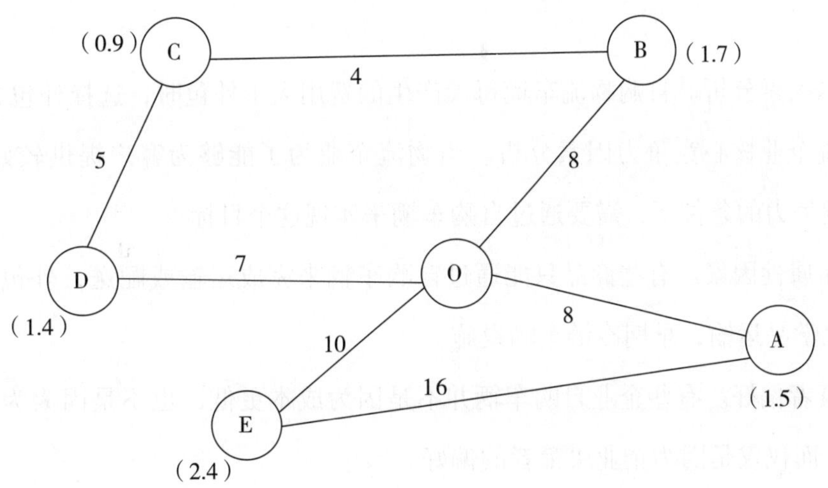

配送路线如下：

①E—F—G 组成共同配送，节约里程（10+8）=18（千米），配送重量（1.7+0.9+1.4）=4（吨），使用一辆4吨车；

②A—E 组成共同配送，节约里程2（千米），配送重量（1.5+2.4）=3.9（吨），使用一辆4吨车。

优化后的配送线路，共节约里程为：$\Delta S=S_A+S_B=20$（千米）

节省的配送时间为：

$$\Delta T=\frac{\Delta S}{v}=\frac{20}{40}=0.5\text{（小时）}$$

五、论述题

1. 答：物流企业在选择车辆时，首先要明确选择车辆的类型及数量，通过对每天物流量的统计来计算出需要的车辆类型及数量，一般情况下，物流企业的物流量服从正态分布，通过统计学方法可以大致估算出在一定服务水平条件下的车辆类型及数量。

在节约里程法下的车辆数量确定方法的基本思路是在确定最佳的配送线路，根据配送线路的数量来确定配送车辆的数量，再根据每个配送线路经过的配送点的配送量，计算出需要的配送车辆的大小。

2. 答：车辆成本分析是指通过对车辆在固定期限内的总运营成本及总的载货量进行分析，来检验物流车辆的利用率是否达标的一种方法。

物流车辆运营成本可以分为固定成本和变动成本两项。其中固定成本一般包括车辆折旧、车辆保险费、车辆年检费、人工费用等；变动成本包括燃油费、修理费、停车费、车辆罚款。

3. 答：车辆运营模式主要分为外包和自营两种模式，企业选择什么运营模式，取决于以下因素：

（1）成本因素分析。自购物流车辆每天产生的费用大于外包时，选择外包方式。

（2）物流企业核心竞争力因素分析。当物流企业为了能够为客户提供较好的物流服务，来获得持续竞争力的条件下，需要通过自购车辆来实现这个目标。

（3）商品属性因素。有些商品只能通过自购车辆来完成运输或配送，外包市场上没有此类车辆，如化学品运输，早期冷链车辆设施。

（4）决策者偏好。有些企业自购车辆并不是因为成本更低，也不是因为为了获得持续的核心竞争力，而仅仅是因为企业决策者的偏好。

4. 答：（1）经济性。考虑车辆价格、耗油量、政策补贴、其他类型费用等。

（2）适用性。考虑是否符合自身物流特点、符合自身服务的行业特征、符合产品特征、符合相关政策等。

5. 答：车辆绩效考核分为固定绩效考核和变动绩效考核。

固定绩效考核：车辆事故考核、车辆违章频次、车辆维修费用率、车辆利用率、货损货差率、油耗率；变动绩效考核是固定绩效考核的补充，反映的是改善目标的完成情况。

单元6 物流服务管理答案

一、判断题（本类题型所包含的每道小题都只有正确或错误的一种答案，你认为正确的请在答题卡对应的题号上涂A，错误的涂B。）

1. A 2. B 3. A 4. B 5. B 6. B 7. A 8. B 9. A 10. B 11. A 12. B 13. B 14. B 15. A 16. A 17. B 18. A 19. B 20. A 21. B 22. B 23. B 24. A 25. A 26. A 27. B 28. B 29. B 30. B 31. A 32. B 33. A 34. A 35. B 36. A 37. B 38. B 39. A 40. B 41. B 42. A 43. B 44. A 45. B 46. A 47. A 48. A 49. B 50. A 51. A 52. A 53. A 54. B 55. B 56. A 57. A 58. A 59. B

二、单选题（本类题型所包括的每道小题只有一个正确答案，请在给出的选项中选出正确答案。）

1. A 2. C 3. A 4. D 5. D 6. B 7. C 8. B 9. A 10. D 11. A 12. B 13. A 14. B 15. C 16. D 17. A 18. A 19. C 20. A 21. B 22. C 23. D 24. D 25. D 26. A 27. B 28. C 29. D 30. A 31. B 32. C 33. D 34. D

三、多选题（本题型所包含的每道小题都有不止一个正确答案，请选出你认为正确的答案，错选和多选者本小题不得分，少选但选项正确的可得到相应的分数。）

1. AD 2. ABCD 3. ABCDE 4. BCDE 5. BD 6. BDE 7. ADE 8. ABCDE 9. ABCD 10. ABCDE 11. BCE 12. ABDE 13. BCD 14. ABCDE 15. ABCDE 16. ABCD 17. DE 18. ABCDE 19. ABCDE 20. ABCDE 21. ABCD 22. ABCDE 23. ABCDE 24. CE 25. ABCD

四、情景问答题

1. 答：(1) 倾听客户投诉

客户只有在利益受到损害时才会投诉，物流企业在接到客户投诉时，首先要耐心倾听客户投诉的内容，并做好投诉记录，待客户叙述完毕后，复述客户投诉的内容。

（2）向客户致歉

物流企业在接到客户投诉时，在倾听完客户投诉之后，不管是不是因为物流的原因，都要向客户表示歉意，并及时告知正确的解决问题的途径。

（3）提供解决方案

首先要明确公司是否有此类处理投诉的办法和规定，如果有此类规定，应当依照公司规定为客户提供解决方案；其次，要掌握客户投诉问题的重点，分析投诉事件的严重性，是否对客户造成了经济上的损失，如果造成损失，客户希望解决的办法是什么，这些在倾听客户投诉时要记录下来；再次，在处理客户投诉时，要明确自身的职责范围，不能做出超出自身解决范围之外的方案，对于自己当时无法答复客户的，要尽快向上级领导汇报相关情况，由上级领导做出决定性解决方案。

（4）执行解决方案

双方就解决方案达成一致意见后，要立即执行，对于能够当时解决的，当场解决。

（5）投诉处理总结

在处理完客户投诉之后，要做好投诉处理总结工作，一般包括以下两个方面：

①做好客户投诉记录。②与相关责任人沟通，确保今后类似事故不再发生。

2. 答：（1）物流服务已成为企业差别化战略的重要内容

随着市场竞争的加剧及价格的日趋透明化，企业之间单纯的价格竞争已经无法实现差异化的经营方式，通过高质量的物流服务可以在交货及时性、配送准确率等方面提高企业竞争力，实现物流服务差异化。

（2）物流服务能够有效降低企业经营成本

对于大多数企业而言，由于物流不属于核心业务，所以很难进行专业化的改善，但物流却对企业的业绩有着重要影响，同时，受到企业自身业务量的影响，无法实现规模化运作，而第三方物流服务通过专业化和规模化运作在不影响物流服务质量的条件下来降低企业经营成本。

（3）物流服务日益深刻地影响企业经营绩效

在产品日趋同化的今天，企业之间的竞争已经不是产品与产品之间的竞争，而是服务质量的竞争，物流服务作为企业服务内容的重要部分，已经受到越来越多企业的重视。

（4）物流服务是有效联接供应链经营系统的重要手段

物流服务区别于其他服务，它能够推动物品从供给者向需求者之间的流通，在流通过程中伴随着商品信息的传递，通过信息的传递让企业及时了解市场动态。

五、论述题

1. 答：（1）主要工作

定义阶段：定义影响客户物流服务满意度的关键品质特性。

测量阶段：测量现阶段公司 CTQ 的实际指标。

分析阶段：分析影响 CTQ 指标的原因，并对影响原因进行排序，确定主要原因。

改善阶段：确定 CTQ 的改善目标值并实施。

控制阶段：将改善成果进行标准化，并运用相关工具对实施成果进行监控。

（2）工作意义

定义阶段：明确 6 西格玛质量管理改善的方向和目标。

测量阶段：对指标进行量化，对工作改善的目标和成果清晰化。

分析阶段：确定对影响服务质量的关键因素进行改善。

改善阶段：将之前的分析成果进行实施，达到 6 西格玛质量管理的目标。

控制阶段：使 6 西格玛质量管理具有可持续性。

2. 答：（1）物流服务信息收集

建立物流服务工作标准的首要任务是确定客户对物流服务的看法，确定客户最需要的物流服务是什么，在开展物流服务信息收集工作时，可以从以下几个方面展开：①确定客户对现有物流服务水平的评价；②确定哪方面物流服务是客户最为关心的；③确定客户还需要哪些额外物流服务；④确定客户对竞争对手的评价。

（2）物流服务现状分析

在做完物流服务质量调查之后，要对调查的内容进行整理分析，一般分析可以从两个方面进行分析：①自我服务水平分析；②竞争对手物流服务水平分析。

（3）物流服务内容制订

第三方物流企业在制定物流服务内容时，要注意以下几点：①物流服务的标准要明确；②物流服务对象要分类；③物流服务内容差异化、经济化。

（4）物流服务机制建立

物流服务机制建立是指将建立起来的物流服务内容及标准纳入公司章程，每个员工在工作过程中要以服务客户为宗旨，培养员工良好的客户服务意识。

（5）物流服务综合评价

物流服务机制建立起来之后，物流企业要定期对服务机制的实施情况进行检查评价，评价方法可以根据制定的相关物流服务标准进行综合打分，确定物流服务水平是否有所变化，同时也要根据市场情况不断的更新完善服务内容和标准，以适应市场发展的需要。

3. 答：阶段一：策划阶段（P 阶段），该阶段包括四个步骤：

（1）分析现状，找出问题

（2）找出问题发生的原因

（3）找出问题发生的最主要原因

（4）指定措施计划

阶段二：实施阶段（D 阶段），该阶段包括一个步骤：

（5）按计划实施

检查阶段（C 阶段），该阶段包括一个步骤：

（6）调查结果

阶段三：处置阶段（A 阶段），该阶段包括两个步骤：

（7）总结经验，巩固成绩，将工作结果标准化

（8）提出遗留问题并处理

单元7　物流企业财务管理答案

一、判断题（本类题型所包含的每道小题都只有正确或错误的一种答案，你认为正确的请在答题卡对应的题号上涂A，错误的涂B。）

1. A　2. B　3. A　4. B　5. A　6. A　7. B　8. B　9. B　10. A　11. A　12. A　13. B　14. A　15. A　16. B　17. A　18. A　19. B　20. A　21. A　22. B　23. A　24. B　25. B　26. A　27. B　28. A　29. B　30. A　31. B　32. A　33. B　34. B　35. A　36. A　37. A　38. B　39. A　40. A　41. B　42. B　43. A　44. A　45. B　46. B　47. A　48. A　49. A　50. A　51. B　52. B　53. A　54. A　55. B　56. A　57. A　58. A　59. A

二、单选题（本类题型所包括的每道小题只有一个正确答案，请在给出的选项中选出正确答案。）

1. C　2. B　3. A　4. D　5. A　6. B　7. C　8. A　9. B　10. C　11. A　12. D　13. B　14. C　15. B　16. B　17. D　18. C　19. B　20. A　21. D　22. B　23. B　24. C　25. B　26. D　27. A　28. B　29. C　30. D　31. B

三、多选题（本题型所包含的每道小题都有不止一个正确答案，请选出你认为正确的答案，错选和多选者本小题不得分，少选但选项正确的可得到相应的分数。）

1. ABCDE　2. ACE　3. CD　4. ABCDE　5. BCDE　6. ABCDE　7. ABCDE　8. AE　9. ABCDE　10. ABCD　11. ACE　12. CD　13. BCDE　14. AC　15. ABCD　16. CD　17. ACE　18. ABCDE　19ACD　20. ABCDE　21. ACDE　22. DE　23. ACD　24. ABCDE　25. ABCDE　26. ABCDE　27. ABCDE　28. ABCDE　29. ACD　30. ABCDE

四、情景问答题

1. 答：作业成本法是一种通过对所有作业活动进行追踪动态反映，计量作业和成本对象的成本，评价作业业绩和资源的利用情况的成本计算和管理方法。

作业成本核算法计算步骤如下：

（1）确定作业内容，可以确定上述案例包括订单处理、货物验收、货物入库、货物分类、仓储管理和货物出库六个作业。

（2）确定资源成本库，资源的界定是在作业界定的基础上进行的，每项作业必定涉及相关的资源，与作业无关的资源应从物流成本核算中剔除。

（3）确定作业动因，这里注意作业动因必须是可量化的，如人工工时、距离、时间、次数等。

（4）计算作业成本，计算作业成本首先计算作业分配系数：作业分配系数 = 作业成本 ÷ 作业量。然后再根据作业分配系数求出计算对象的某一项物流作业成本，然后求和即得计算对象的作业成本：作业成本 = 作业分配系数 × 作业动因数。

2. 答：物流企业在收入核算时，应核算以下两方面：

（1）主营业务收入核算

主营业务收入是企业收入的主要构成部分，是形成利润的主要来源。主营业务收入的计算同样可以参考《企业物流成本构成与计算》中设置物流成本项目类别的方法来设置收入项目类别。主营业务收入主要包括运输收入、仓储收入、流通加工收入、其他增值物流收入。

（2）其他业务收入

其他业务收入是指物流企业主营经营收入之外的收入，这里统一计算在其他业务收入范围内。

3. 答：利润是企业一定时期《企业会计制度》中对收入采用了狭义的定义：“收入是企业在销售商品、提供劳务及让渡资产使用权等日常活动中形成的经济利益总流入，包括主营业务收入和其他业务收入。”主营业务收入是指在正常经营过程中企业从事主要业务所取得的收入，其他业务收入是指企业非主营业务所取得实现的各项收入的总和与发生的各项费用及支出的总和之间的差额。

（1）利润总额

企业的利润，就其构成来看，既有通过经营活动而获得的，也有通过投资活动而获得的，也包括那些与经营活动无直接关系的事项所引起的盈亏。根据《企业会计准则》的有关规定，企业的利润一般包括营业利润、投资收益、营业外收支净额和补贴收入等部分。如果企业按规定能够获得补贴收入，则也应作为当期利润总额的组成部分，用公式表示为：

利润总额 = 营业利润 + 投资净收益 + 营业外收支净额 + 补贴收入。

（2）净利润

净利润是企业当期利润总额减去所得税以后的余额，即企业的税后利润，所得税是指企业应计入当期损益的所得税费用，用公式表示为：净利润 = 利润总额 - 所得税。

4. 答：要考察一家企业的物流企业绩效指标，应考查财务状况。现代物流企业财务分析和评价的依据主要是企业的会计核算资料和财务报告，并以报告为主。

财务报告是现代物流企业向政府部门、投资者、债权人等与本企业有利害关系的组织或个人提供的、反映本企业在一定时期内的财务状况、经营成果以及影响企业未来经营发展的经济事项的文件，主要包括资产负债表、利润表、现金流量表、其他附表以及财务状况说明书。其中资产负债表、利润表、现金流量表应用比较广泛。

五、论述题

1. 答：作业成本法是一种通过对所有作业活动进行追踪动态反映，计量作业和成本对象的成本，评价作业业绩和资源的利用情况的成本计算和管理方法。

传统成本核算法对直接费用的核算较为明确，对于间接费用的核算采用分配的方式进行，具有较大的随意性。而作业成本核算法的诞生就是基于传统成本核算对间接费用分配问题的深入思考。

其基本思想如下：物流作业成本计算通过物流资源动因将物流资源分配到各个物流作业，形成作业成本库，再根据物流作业动因，建立物流作业与物流成本对象之间的因果联系，把物流作业成本库中的成本分配到成本对象。计算出成本对象的总成本和单位成本，由此可以将此成本和目标成本进行比较，从而实施物流成本的控制。

2. 答：物流企业的现金流量表是以“净现金流量 = 现金流入 - 现金流出”为根据编制的，通过现金和现金等价物的流入、流出情况，反映企业在一定期间内的经营活动、投资活动和筹资活动的动态情况的财务报表。它是计算现代物流企业内含报酬率、财务净现值和投资回收期等反映投资项目赢利能力指标的基础。根据计算的基础不同，现金流量表可分为全部投资财务现金流量表和自有资金财务现金流量表。

按照现金流量发生的原因，可以分为以下几个方面：

（1）经营活动产生的现金流量；

（2）投资活动产生的现金流量；

（3）筹资活动产生的现金流量。

3. 答：资产负债表项目的分类包括资产项目的分类、负债的分类和所有者权益项目的分类。

（1）资产的分类

流动资产是指可以在一年内或者超过一年的一个营业周期内变现或运用的资产。包括货币投资、短期投资、应收票据、应收股利、应收账款、其他应收款、预付账款、存货和待摊费用等。

长期投资是指不准备随时变现、持有时间在一年以上的有价证券，以及超过一年的长期投资。包括长期股权投资、长期债权投资等。

固定资产包括固定资产原价、累计折旧、固定资产净值、固定资产减值准备、工程物资、在建工程、固定资产清理等。

无形资产及其他资产包括无形资产、长期待摊费用等。

（2）负债的分类

流动负债是指在一年内或者超过一年的一个营业周期内偿还的债务。包括短期借款、应付票据、应付账款、预收账款、应付工资、应付福利费、应付股利、应交税金、其他应收款、其他应付款、预提费用、预计负债、一年内到期的长期负债等。

长期负债是指偿还期在一年以上或者超过一年的一个营业周期以上的债务。包括长期借款、应付债券、长期应付款等。

递延税款指递延税款贷项。

（3）所有者权益项目分类

实收资本是指企业所有者以各种形式投入企业的资本。

资本公积是指企业的资本溢价，以及由于接受捐赠、法定财产重估增值等原因而增加的所有者权益。资本公积与实收资本一样不能用于盈余分配，但可按规定转增实收资本。

盈余公积是指企业自创立以来各期的税后利润中，按规定提留给企业的累积余额。

未分配利润是指企业期末尚未分配的利润。

4. 答：物流成本指物流活动中所消耗的物化劳动和活劳动的货币表现。即产品在包装、运输、储存、装卸搬运、流通加工、物流信息、物流管理等过程中所耗费的人力、物力和财力的总和以及与存货有关的资金占用成本、物品损耗成本、保险和税收成本。

作业成本法是一种通过对所有作业活动进行追踪动态反映，计量作业和成本对象的成本，评价作业业绩和资源的利用情况的成本计算和管理方法。

传统成本核算法对直接费用的核算较为明确，对于间接费用的核算采用分配的方式进行，具有较大的随意性。而作业成本核算法的诞生就是基于传统成本核算对间接费用分配问题的深入思考。其基本思想如下：物流作业成本计算通过物流资源动因将物流资源分配到各个物流作业，形成作业成本库，再根据物流作业动因，建立物流作业与物流成本对象之间的因果联系，把物流作业成本库中的成本分配到成本对象。计算出成本对象的总成本和单位成本，由此可以将此成本和目标成本进行比较，从而实施物流成本的控制。

单元8　物流信息化答案

一、判断题（本类题型所包含的每道小题都只有正确或错误的一种答案，你认为正确的请在答题卡对应的题号上涂A，错误的涂B。）

1. A　2. B　3. A　4. B　5. A　6. B　7. A　8. A　9. A　10. B　11. B　12. B　13. A　14. B
15. A　16. A　17. A　18. A　19. B　20. A　21. B　22. A　23. A　24. B　25. A　26. A　27. B
28. B　29. B　30. A　31. A　32. B　33. A　34. A　35. A　36. B　37. A　38. A　39. A　40. A
41. B　42. A　43. A　44. B　45. A　46. A　47. B　48. B　49. B　50. B　51. A　52. B　53. B
54. B　55. A　56. B　57. A　58. A　59. B　60. A

二、单选题（本类题型所包括的每道小题只有一个正确答案，请在给出的选项中选出正确答案。）

1. B　2. C　3. B　4. D　5. C　6. D　7. A　8. B　9. A　10. D　11. A　12. C　13. D　14. A
15. B　16. C　17. B　18. D　19. A　20. D　21. C　22. B　23. D　24. D　25. B　26. C　27. C
28. B　29. B　30. B　31. C　32. C　33. A　34. C　35. B　36. D　37. A　38. A　39. C　40. C

三、多选题（本题型所包含的每道小题都有不止一个正确答案，请选出你认为正确的答案，错选和多选者本小题不得分，少选但选项正确的可得到相应的分数。）

1. ABCDE　2. CD　3. CD　4. ABC　5. ABCDE　6. ABCD　7. AC　8. ABCDE　9. AB
10. ABC　11. CDE　12. ABCD　13. ABC　14. CDE　15. AB　16. ABCDE　17. ABC
18. BCDE　19. ABCDE　20. ABCD　21. ABCDE　22. ABCDE　23. ABCD　24. ACD
25. ABCDE　26. BCDE　27. ABCDE　28. ACDE　29. CDE　30. BCDE

四、情景问答题

1. 答：一个典型的仓储管理系统可以分为三大类，第一类为业务流程模块，包括入库管理、储位管理、存货管理、出库管理、返品管理等；第二类为资料模块，主要是对一些基础资料进行定义和修改；第三类为系统服务模块和数据通信模块，负责对系统操作权限的设定、数据备份、资料传输等功能。

运输管理系统的模块也可分为三类，第一类为业务作业及管理模块，包括运输作业模块和财务管理模块，用于对运输作业的流程进行控管并具备相关的统计报表功能和财务功能；第二类为基本信息模块，包括对客户、车辆、人员等信息的建立和维护；第三类为系统管理模块，包括对操作权限的设置和数据的备份等。

2. 答：客户需要确定大体的项目需求，并发布招标公告。客户可选择委托招标代理机构负责招标工作，并由其出售招标文件，如果客户对物流软件供应市场较为熟悉，也可客户自己负责招标的操作。有意向的系统供应商会向客户提供系统开发应标书，通常地，客户会召开招标会议，由系统供应商进行现场讲标、答疑解惑。然后，客户根据自身制定的评标标准进行评标，确定中标的供应商后编写评标报告，并且向中标企业和未中标企业分别中标通知书和未中标通知书。

3. 答：第一步，需要检查各项准备工作是否到位，这包括硬件软件是否可正常使用，现场培训工作是否完成等；第二步，进行静态库存的盘点，并将库存的数据导入到信息系统；第三步，系统上线开始，各部门根据新的作业模式开始作业。

4. 答：信息化的预算一般包括以下几部分：软件许可费用、项目实施费用、硬件配置费用等。

对于软件许可费用，一般在采用国外软件时采用，它是指利用成熟物流软件的核心模块的版权使用费用，如果信息系统是完全从零开始量身定做的，则这个费用不存在。也有软件开发商，将这笔费用包含在其他费用中而不将其单列。

对于项目实施费用，有的软件开发商是按照功能模块进行收费，然后将所开发的模块所需费用进行加总得出总值。也有的是将按照开发、测试、上线实施等分成时间阶段，按阶段进行收费。项目实施费有时候也包括上线后的维护费用。无论哪种方式，比较常见的是按工时进行计算。

硬件配置费用是指采购信息化相关设备所需的费用，包括服务器及存储设备、网络设备、现场物流作业设备（RF 等）。硬件配置费用常需要包括硬件附带软件的费用和一定阶段（一般是 1 ~ 2 年）的维护费用。这个费用和软件许可费用、项目实施费用最大的区别在于，客户可以不必支付给系统开发商，可以让后者提供设备选择的标准自行采购，当然也可以将这些工作全部委托后者进行。

五、论述题

1. 答：物流信息系统的开发实施分以下的五个阶段：

（1）需求分析及设计；

（2）系统配置开发；

（3）系统测试；

（4）上线实施；

（5）转至客户支持。

2. 答：并非所有的企业，或者一个企业发展的任何阶段都需要物流信息系统。从发展阶段上看，刚起步的企业不建议上物流信息系统，因为各种物流作业模式尚未定型，草率上线可能把错误的流程固化，导致错上加错；企业在高速发展过程中，是最需要物流信息系统的阶段，可以借此提升效率；企业在稳定发展过程中，需要持续的优化物流信息系统。另外，从管理的层面看，如果在当前及可预见的未来，现有的作业模式的效率和成本都是令人满意的，则也无须信息系统。只有在企业真正需要信息系统解决作业和管理中存在的问题时，它才可能发挥应有的价值。

3. 答：系统的实施是否成功，主要标志是系统能否按预期导入上线，并且在上线后能够在新的信息化作业模式下支持业务流程，并使流程的整体运作效率效益得以提升。上线能够成功主要取决于以下因素：

（1）企业需要上物流信息系统的阶段；

（2）配置合理的实施团队；

（3）物流系统的合理规划设计；

（4）严格做好需求分析；

（5）充分考虑信息化作业对人力的影响；

（6）对企业管理制度的调整；

（7）完备的人员培训；

（8）客户对系统开发的支持。

4. 答：信息系统的选型主要需考虑以下几个方面，第一为系统供应商的实力，第二为信息系统的能力，第三为价格的高低。对于供应商评估部分，应重点考量案例的效果和人员的素质部分；对于信息系统评估部分，应重点考量物流管理模式支持和系统操作的便利性；对于价格评估的部分，要注意不同档次的信息系统简单靠价格比较没有意义。

六、案例题

答：

1. ①所谓物流信息系统（logistics information system），是指由人员、设备和程序组成的、为物流管理者执行计划、实施、控制等职能提供信息的交互系统，它与物流作业系统一样都是物流系统的子系统。②常见的物流信息系统有仓库管理系统（WMS）、运输管理系统（TMS）、电子拣货系统（CAPS）、电子自动订货系统（EOS）、销售时点信息系统（POS）等。

2. ①足够的办公空间、电脑硬件和软件、网络接入、必要的办公设备（包括电话、复印机、传真机等）；②客户需提供可靠协助，使系统开发员不受任何限制地进入客户指定的测试环境，以确保项目成功；③客户也需应委派合适的技术人员和用户参与，系统供应商会请这些人员进行工作协助；④客户需负责为系统的开发实施准备文档/设备，系统供应商将提供足够的信息，并给与合理的前置时间给客户。

单元9 物流标准与法律法规答案

一、判断题（本类题型所包含的每道小题都只有正确或错误的一种答案，你认为正确的请在答题卡对应的题号上涂A，错误的涂B。）

1. A 2. B 3. A 4. B 5. A 6. A 7. B 8. A 9. B 10. A 11. B 12. A 13. A 14. A 15. B 16. B 17. A 18. B 19. B 20. B 21. B 22. B 23. A 24. B 25. A 26. A 27. B 28. A 29. A 30. B 31. A 32. B 33. B 34. A 35. A 36. A 37. A 38. A 39. A 40. B 41. A 42. B 43. B 44. A 45. A 46. B 47. A 48. A 49. B 50. A 51. B 52. A 53. B 54. B 55. A 56. B 57. B 58. A 59. A 60. A

二、单选题（本类题型所包括的每道小题只有一个正确答案，请在给出的选项中选出正确答案。）

1. B 2. B 3. C 4. D 5. B 6. D 7. C 8. A 9. A 10. C 11. D 12. C 13. D 14. B 15. D 16. B 17. C 18. D 19. C 20. A 21. C 22. C 23. A 24. D 25. B 26. D 27. B 28. D 29. A 30. C 31. D 32. C 33. A 34. D 35. C 36. D 37. A 38. C 39. D 40. D

三、多选题（本题型所包含的每道小题都有不止一个正确答案，请选出你认为正确的答案，错选和多选者本小题不得分，少选但选项正确的可得到相应的分数。）

1. ABCDE 2. ABCDE 3. ABC 4. BCD 5. ACD 6. ABCD 7. ABCDE 8. CDE 9. AE 10. ABCD 11. ABCDE 12. ACDE 13. ABC 14. CD 15. ABCD 16. ABCDE 17. ABCDE 18. AB 19. ABC 20. ABCDE 21. ABCD 22. ABCD 23. ABCDE 24. ABCDE 25. ABCDE 26. CDE 27. ABCDE 28. ABCD 29. ABC

四、情景问答题

1. 答：原、被告之间系仓储合同关系是成立的，依据合同法的规定，保存期间，因保管人保管不善造成仓储物毁损或者灭失的，保管人应当承担损害赔偿责任。因仓储物的本身性质，包装不符合约定或者超过有效储存期造成仓储物变质或者损坏的，保管人不需要承担损害赔偿责任。由于原告明知胡萝卜容易变质，却没有按时检查，致使胡萝卜变质，且原告也承认胡萝卜变质与自身包装不良有一定原因。而被告作为保管人，已尽到了善良管理人的应尽义务，依照《中华人民共和国民事诉讼法》第六十四条第一款、《中华人民共和国合同法》第三百九十四条的规定，不应对原告胡萝卜损失承担民事赔偿责任。

2. 答：原、被告间的直通货物运输合法有效，所以铁路分局 A 和 B 需要承担货主即贸易公司的损失，关键在于两个铁路分局之间的责任如何切分。经过详细调查取证，发现被告铁路分局 A 的管理处依据《直通货物运输办法》对该批货物进行了交换、换票，管理处在交接货票上签章认可，对货物装载状况未提出异议。铁路分局 A 已履行了应尽的合同义务，对货物短少不负违约责任。被告铁路分局 B 管理处接收货物换票运输后，未按运输规章的规定将货物及时运送到站，在错误地将货物挂至他站后又未及时处理，导致货物丢失。根据《中华人民共和国铁路法》第十六条第一款、第十七条第一款第二项的规定，判决铁路分局 B 赔偿贸易公司的全部货物经济损失。

3. 答：贸易公司 A 与船务公司甲签订了运输合同，船务公司甲作为合同承运人，有义务按约将贸易公司 A 托运的货物安全运往目的港，但其未尽承运人应尽的义务，无法控制实际承运船舶，以致货轮轮违反有关规定，将鱼粉和黄豆混载，导致贸易公司 A 的黄豆严重受损，船务公司甲应对货物损失负赔偿责任。

由于船务公司乙作为货物的实际承运人，虽然将货船出租给了船公司丙，但由于船员配置仍由船务公司乙提供，本应了解货物配载的特性需求，却一味听从货主的要求，导致了货物损失，也应进行相应赔偿。

而船务公司丙其期租船务公司乙的轮船从事国内沿海运输，严重违反《中华人民共和国水路运输管理条例》第七条之规定，其签订的“租船合同”无效，但并不能免除其在经营过程中过失行为的法律责任，故也应赔偿一定的损失。

4. 答：海关对该公司处罚款人民币 5 万元，同时决定不予放行涉案货物。

原因：海关经调查认定，A 公司实际进口货物与申报不符是由业务人员工作疏忽所致，并无逃避海关监管的主观故意，但该公司涉案行为构成影响国家许可证件管理的申报不实行为，违反海关监管规定，应承担相应法律责任。海关对天盛公司作出行政处罚决定，根据《海关行政处罚实施条例》第十五条第（三）项的规定，对该公司处罚款人民币 5 万元；同时，因A公司进口国家自动进口许可管理货物，但申报时不能提交自动进口许可证明，海关根据《处罚条例》第十四条的规定，决定不予放行涉案货物。

五、论述题

1. 答：物流标准化特点可总结为以下五点：

（1）物流系统的标准化涉及面更为广泛，其对象也不像一般标准化系统那样单一，而是包括了机电、建筑、工具、工作方法等许多种类。

（2）物流标准化系统是属于二次系统，这是由于物流及物流管理思想诞生较晚，组成物流大系统的各个分系统，过去在没有归入物流系统之前，早已分别实现了本系统的标准化。

（3）物流标准化更要求体现科学性、民主性和经济性。

（4）物流标准化具有国际性。

（5）贯彻安全与保险的原则。

2. 答：物流标准可分以下五大类：

（1）物流基础、管理与服务标准；

（2）物流信息分类编码标准；

（3）物流信息采集标准；

（4）物流信息交换标准；

（5）物流技术标准。

3. 答：提高物流标准化的措施：

（1）政府应以优惠政策鼓励企业参与物流标准化建设。

（2）行业协会应发挥引导协调作用。

（3）积极借鉴、采用国外先进物流标准，注重与国际物流标准接轨。

（4）尽快出台基础性实用标准，逐步推出新标准。

（5）重视物流标准化人才的培养。

4. 答：物流法律法规具有广泛性、多样性和复杂性的特点。这是因为物流活动的范围较大、内容广泛、参与者众多等，具体表现在以下方面：

第一，物流活动的范围很大。

第二，物流活动的内容广泛，物流活动包括运输、仓储、装卸、包装、装卸搬运、流通加工、信息处理等环节，是一项综合的活动。

第三，物流活动的参与者众多，涉及不同的行业、不同的部门和不同的人员等，这些参与者往往要受到不同的行业和惯例的制约。

六、案例题

1. 答：属于仓储合同。

2. 答：损失由储运公司承担。

理由是，保管方储运公司要按照约定的储存条件和要求保管货物，特别是对于危险品和易腐物品，要按国家和合同规定的要求操作、储存。保管方储运公司因保管不当造成仓储物灭失、短少、变质、污染的，应当承担赔偿责任。本案是由于仓库的通风设备发生故障引起的不能按时通风而导致了食品原料变质。故应由保管方储运公司承担。